Choc des Mondes
(SUPERNATURAL)

Bernon Teissier

Contenu

1. Chapitre 1   1

2. Chapitre 2   30

3. Chapitre 3   67

Chapitre 1

L'Université des Trois est grande, ancienne et luxueuse. De vastes pelouses s'étendent autour des grands bâtiments et le long des chemins en béton, et le bâtiment principal possède un escalier en marbre et une entrée majestueuse qui atteint au moins dix pieds du sol. Les étudiants sont dehors, comme des tourbillons d'énergie et d'excitation et, déjà, un certain stress détectable. Ils établissent des liens, les plus âgés retrouvent leurs amis et les jeunes créatures aux yeux écarquillés courent dans tous les sens pour tenter de se repérer, s'habituant à l'idée d'aller dans une université inspirée par les humains. Tout est tellement nouveau, bourdonnant et inconnu, et c'est accablant.

Et Louis est complètement amoureux.

Pour être honnête, cela lui semble encore irréel - il a attendu et désiré ce qui semble être toute sa vie - il s'est aussi beaucoup vanté - pour ce moment précis, ici et maintenant. Sur le trottoir propre qui sépare la route de l'université, le vent tirant ses cheveux et s'engouffrant sur sa peau comme pour signaler un nouveau départ, sur le point de faire son premier pas dans l'enceinte de l'école en tant qu'étudiant légitime.

Il a fini d'attendre maintenant.

Alors il le fait ; avec précaution, il soulève son petit pied nu, prend une profonde inspiration et effleure un peu ses orteils contre l'herbe chatouillante avant de le poser. Il fait la même chose avec l'autre, et il glousse un peu à cause de cette sensation. C'est ce qu'il fait. Il est à l'Université des Trois. C'est un étudiant de l'UdT.

S'agrippant de manière assez convulsive à la sangle du nouveau sac que sa mère lui a confectionné en lin et en lavande, il s'approche de l'espace où la foule est la plus dense. Il s'attache rapidement à un couple de nymphes qui semblent également nouvelles et aux yeux étoilés, se parlant entre elles avec des voix aiguës et douces. Louis sait qu'il s'agit de nymphes, parce que sa mère lui a souvent parlé d'elles, ces créatures grecques de grande taille, charmantes et gracieuses, chargées d'aider les forêts et la nature, tout comme lui. Ou, bon. Juste la partie qui aide la nature, évidemment. Pas les autres parties. Bien que Louis se considère comme tout à fait charmant, si on lui permet de le dire lui-même. Mignon comme tout, pour être honnête. C'est avec sa grande gentillesse qu'il a un petit problème.

Il s'éloigne du sujet.

Il marche tranquillement derrière eux, en compagnie d'une masse croissante d'autres créatures, tandis qu'un étudiant de dernière année les rassemble et leur fait visiter l'endroit, en leur parlant de l'histoire et de la logistique du lieu, de tous ses petits avantages et bizarreries, et de tous ses différents bâtiments, secteurs et facultés. Louis se retrouve bientôt devant une grande nymphe et derrière une créature très intimidante dont il n'a jamais entendu parler, avec des crocs et une peau pâle, et, comme bien d'autres fois auparavant, il aimerait être un peu plus grand que ses quelques centimètres au-dessus du mètre cinquante. Il n'est pas la personne la plus effrayante, il le sait - ses cheveux ébouriffés teintés de caramel, son nez facile à cogner et ses yeux bleus, combinés à un cadre plutôt délicat, laissent beaucoup à désirer dans le domaine du respect.

C'est comme ça, suppose-t-il, en faisant de son mieux pour se concentrer sur le blabla animé et un peu trop excité de leur guide alors qu'ils semblent enfin arriver à la fin de leur visite - les dortoirs.

Les dortoirs sont quelque chose à laquelle Louis n'a pas vraiment pensé, il s'en rend compte très opportunément, une quinzaine de minutes plus tard, au moment où il récupère sa clé.

Il ne sait soudain pas s'il doit se rendre avec joie dans sa chambre ou traîner les pieds et se ronger les ongles en chemin. Il va avoir un colocataire. Une créature avec laquelle il va partager son espace de vie pendant une bonne partie du temps à venir. Et son colocataire peut être n'importe qui. Cela pourrait être une créature mortelle d'un des Mondes souterrains. Ce pourrait être une âme rusée de la mer ou un esprit condescendant de l'au-delà. Louis ne sait pas. Il n'a jamais rencontré quelqu'un de ces endroits auparavant - il ne sait pas à quoi s'attendre.

Pour la première fois depuis son arrivée, Louis se sent un peu mal à l'aise et, franchement, un peu effrayé. Il prend son temps pour monter les escaliers, même s'il sait qu'il serait en haut en un rien de temps s'il utilisait ses ailes. Il a besoin de temps pour se ressaisir, pour se préparer. Ses oreilles pointues sont sur leurs gardes et ses petites mains se frottent l'une contre l'autre tandis qu'il passe en revue une centaine de scénarios différents qui pourraient le rencontrer derrière la porte dont il s'approche à grands pas.

Lorsqu'il atteint la chambre 204, il prend une profonde inspiration. Il tâtonne un peu avec la clé, la sort de la poche de son pantalon roulé et usé et l'enfonce dans le trou de la serrure.

Il y a un léger cliquetis quand il tourne la clé. Lorsqu'il ouvre la porte, il ne voit d'abord personne et pense qu'il est peut-être le premier à arriver - mais une ombre apparaît sur le lit dans le coin gauche, et le supposé colocataire de Louis s'approche lentement de lui.

C'est une petite créature courte, avec de petites cornes légèrement asymétriques qui poussent sur sa tête, et quand Louis regarde plus bas, il découvre que les jambes sont couvertes de poils sombres et ébouriffés, et qu'elles se terminent par des sabots plutôt que des pieds.

Le colocataire de Louis est un faune. Louis est presque évanoui de soulagement.

"Salut", propose-t-il en entrant dans la pièce, regardant curieusement autour de lui et s'habituant à sa maison pour les temps à venir - deux lits, deux bureaux, deux bureaus pour les vêtements, une fenêtre avec vue sur le terrain de l'école, des murs bleu clair, un plancher en bois grinçant. Simple. Assez agréable. Il se tourne ensuite entièrement vers le faune, lui adressant un sourire éclatant. "Je m'appelle Louis."

"Stan", se présente le faune, répondant au rayon de Louis par une légère inclinaison des coins de sa bouche. "Tu es un... Fée ? C'est ça ?"

Louis hoche la tête. "Je le suis. Félicitations pour avoir bien compris, la dame de la réception m'a appelé elfe, ce qui, je ne sais pas si je dois être offensé ou flatté. Si tu travailles dans un endroit comme celui-ci, tu devrais savoir faire la différence, mais avez-vous déjà vu un elfe ? Ils sont si grands et gracieux. Si je dois être confondu avec quelque chose, ça pourrait aussi bien être ça." Il s'arrête, se rendant compte qu'il a accéléré le rythme sans doute un peu trop odieusement, et ses joues deviennent d'un rose timide. "Désolé. Je divague quand je suis excité. Tu es un faune." Ce n'est pas une question. "Et puis-je dire que je suis si heureux d'avoir un ami de ma taille dans cet endroit. Je n'ai pas encore trouvé quelqu'un qui ne fasse pas 2 mètres ou qui ne soit pas incroyablement intimidant."

Cela mérite un petit rire qui sort de la bouche de Stan.

"Mon dieu, je sais, pas vrai ? J'avais tellement peur que tu sois un vampire ou autre. On doit se serrer les coudes, nous les petites gens."

Louis décide qu'il l'aime bien. Ce qui est bien, parce qu'aimer son colocataire est probablement un énorme avantage quand on va à l'université, aime-t-il penser. Il a au moins un ami dans cet endroit.

Louis apprend que Stan vient des Romains et que son travail consiste à ramener les humains perdus sur le droit chemin. Au début, Louis pense qu'il s'agit d'une métaphore pour quelque chose de profond, mais il apprend ensuite que le travail de Stan consiste littéralement à ramener les humains perdus dans les bois. Ce qui est également agréable, très pur d'une certaine manière, bien qu'un peu décevant. Stan est assez gentil, il ressemble à Louis à bien des égards, sauf qu'il est peut-être un peu plus prudent et plus calme. Mais bon, Louis peut s'en accommoder.

Dans l'ensemble, tout a l'air de bien se passer, et Louis peut sentir la nervosité accumulée qui était auparavant serrée dans sa cage thoracique se relâcher en une ascension contente. Il a survécu à son nouveau colocataire. Ça, c'est fait.

Le premier jour de l'université, Louis est debout avant l'aube, assis sur le rebord de la fenêtre et regarde le ciel passer de la couleur des myrtilles trop mûres à celle des abricots fraîchement cueillis, tandis que le bord du soleil devient de plus en plus visible à l'horizon. C'est une de ses habitudes, se lever avec le soleil. Ça lui donne l'impression de faire partie de quelque chose de grand, de meilleur et de significatif. Il aime s'asseoir à la cime d'un arbre ou sur les rochers près de la rivière et se demander si le soleil se lève à cet instant quelque part ailleurs aussi. Si quelqu'un est assis dans un autre monde en ce moment même, et le regarde avec lui sans le savoir. Si quelqu'un est en train d'aider le soleil à se lever et à briller, si c'est le travail de quelqu'un.

Les rayons de lumière teintent tout d'or, les arbres et les bâtiments projettent des ombres sombres sur la cour de l'école dans leur routine lente et régulière de réveil. Le vent commence à tirer sur les branches en fleurs et les herbes couvertes de rosée, tirant comme s'il avait peur d'être violent. Louis a un grand respect pour le vent. De toutes les créatures, esprits et forces naturelles avec lesquels il a travaillé, le vent doit être celui qui travaille le plus dur. Parce que les fées, les lutins et les elfes sont assez nombreux pour se reposer de temps en temps, tout comme les autres créatures de la forêt, le Jour se repose la nuit et la Nuit se repose le jour, et l'eau est en fait assez paresseuse - son complexe de dieu fait que d'autres forces la déplacent pour elle parce qu'elle est supérieure et "nécessaire à la survie de la vie" ou quelque chose comme ça. (Louis pardonne occasion-nellement à l'eau pour cela car il est très agréable de se baigner de temps en temps).

Mais vous voyez, le vent ne s'arrête jamais vraiment, n'est-ce pas ? Il est toujours en train de souffler quelque part. Malgré les sentiments ou les circonstances, il va toujours de l'avant.

Louis pense que c'est admirable.

Lorsque le soleil est à moitié levé, Stan s'éveille à la vue de Louis appréciant la nature par la fenêtre ouverte et lui offre un "bonjour" bas auquel Louis répond ;

"Il n'y a rien de plus beau que la nature au lever du soleil. J'en suis certain."

"Joli. Tu peux descendre de là, quand même ? On est au sixième étage."

"J'ai des ailes, idiot. Il ne se passera rien."

Louis descend quand même à la demande, parce que c'est quelqu'un de bien, et il s'assoit sur son lit.

"Alors, quelle heure il est ?"

Stan jette un rapide coup d'œil à l'horloge perchée au-dessus de la porte. "Il est 6h30."

"Parfait." Louis sourit et entortille ses doigts derrière sa tête, en s'allongeant. "J'adore les matins, pas toi ?"

Stan acquiesce distraitement, en sortant un t-shirt foncé de l'un des tiroirs du coin, au bout du lit, par-dessus sa tête. Louis fronce les sourcils d'un air amusé quand il le voit.

"Je ne pensais pas que les faunes portaient des vêtements humains."

Stan s'ébroue. "Ils le font maintenant, et les fées aussi. Nous sommes dans un environnement développé par les humains, les vêtements sont nécessaires."

"Mais je ne peux pas porter de hauts". Louis proteste. "Mes ailes vont me gêner. C'est ridicule."

Stan secoue simplement la tête d'un air amusé et enfile un jean.

"Tu penses honnêtement qu'ils n'ont pas pris ça en considération ?", questionne-t-il avec un sourcil levé.

(Louis essaie un simple t-shirt blanc en se moquant. Le t-shirt passe à travers ses ailes et s'adapte à sa petite taille comme si elles n'étaient pas là. Cela l'effraie presque un peu et il doit tendre une main en arrière pour caresser son aile gauche afin de s'assurer que tout va bien. Stan rit. Louis fait la moue).

En cours d'histoire grecque, Louis se fait sa deuxième amie. Elle s'appelle Eleanor, et elle est belle comme un clair de lune en décembre.

C'est assez drôle, en fait, parce que Louis a failli les faire trébucher tous les deux sur sa robe. C'est comme ça. C'est comme ça qu'ils se rencontrent.

Ce n'est pas comme si Louis pouvait s'en empêcher, parce qu'il est préoccupé à analyser les peintures ma-jestueuses sur les murs et qu'Eleanor marche devant lui avec sa robe qui traîne véritablement derrière elle sur le sol en marbre, et Louis ne fait pas attention à ses pieds, et donc il marche sur le tissu soyeux juste au moment où elle se déplace, et il laisse échapper un petit glapissement avant de presque tomber sur le cul devant toute la pièce. Les yeux d'Eleanor s'écarquillent et elle trébuche de quelques pas avant de retrouver son équilibre et de se retourner pour fixer Louis.

La main de Louis se porte immédiatement à sa bouche.

"Oh, mon Dieu", dit-il. "Je suis terriblement distrait au-jourd'hui. Je n'ai pas abîmé ta robe, n'est-ce pas ? Ou si ? S'il te plaît, dis-moi que ce n'est pas le cas. C'est joli, la robe. Elle est très belle."

Les yeux de l'élégante s'adoucissent un peu à la vue de la détresse du garçon ailé.

"Je suis désolé", tente à nouveau Louis quand elle ne répond pas.

"Ce n'est pas grave", dit-elle. "Tout va bien. Je ne pense même pas que tu l'aies sali."

Louis soupire si profondément qu'il manque presque d'air avec le soulagement, et pousse sa frange hors de son visage. Il n'aimerait vraiment pas que quelqu'un qui a l'air aussi important qu'Eleanor lui en veuille pour son premier jour. Ça n'irait pas.

"Super. Je. Ouais. Je suis désolé."

"Ne t'excuse pas. Hey, on devrait aller chercher des places ?"

Eleanor sourit et se présente quand Louis lève les yeux sur elle avec surprise. Louis lui dit aussi son nom, et ils s'assoient au milieu de la pièce.

Louis comprend très vite qu'Eleanor doit en effet être quelqu'un d'important, car les gens écarquillent les yeux lorsqu'ils la regardent, chuchotent à leurs amis et ralentissent le flux de personnes pour la voir.

"Alors... Qu'est-ce, euh... Qu'est-ce que tu es ?" Louis demande légèrement, en essayant de cacher sa curiosité derrière une poitrine gonflée. Il est légèrement intimidé par les regards, même s'il sait qu'ils ne sont pas pour lui. Il se sent à nouveau petit.

"Oh. Je suis la fille d'Ourania. Tu sais, la muse ?"

"La muse de l'astronomie ?" précise Louis, la mâchoire se relâchant.

Eleanor rit un peu. "Oui, c'est bien elle."

"Wow. Je veux dire. Ouah. C'est énorme."

"Ça te donne un peu plus de respect", Eleanor hausse les épaules et sourit.

Oui. Elle a compris. Louis la garde.

"Je ne peux qu'imaginer", soupire-t-il avec nostalgie. "Essayez d'être une fée d'un mètre cinquante et voyez combien de personnes te prend au sérieux."

Eleanor glousse. "Eh bien, au moins tu es sympathique. Je plains ceux qui n'ont même pas ça."

Ils badinent un peu jusqu'à ce que le professeur entre dans la classe et commence la leçon, à laquelle Louis centre instantanément toute son attention sur les mots venant d'elle. Il est déterminé à faire bonne impression le premier jour, et il n'a pas attendu des années et des années pour fréquenter cette école pour ne pas être un bon élève.

Le fait que l'histoire grecque soit, en fait, très intéressante, pleine d'intrigues et de drames, et que Louis soit profondément absorbé par les nombreux récits, aide beaucoup. Mais dès le début, l'accent est mis sur Zeus et Héra, et Louis doit avouer qu'il trouve qu'ils forment un couple assez terrible.

"Je ne sais pas si je suis autorisé à dire ça, mais quel genre d'amour est-ce ?" Louis murmure à Eleanor tout en continuant à lire son livre après coup. "Ils sont censés être le couple de pouvoir au pouvoir, mais Zeus est infidèle à de nombreuses reprises, Héra est incroyablement jalouse et vengeresse, ils se disputent tout le temps pour tout et ils sont extrêmement violents. Qu'est-ce que c'est censé représenter ?"

"La force et l'importance du mariage", répond simplement Eleanor.

Louis fronce les sourcils. "Quelle force peut avoir un mariage s'il n'est pas heureux ? Est-ce que ça ne rend pas les deux parties malheureuses ?"

"Honnêtement ? Je n'en ai aucune idée. Ça n'a pas beaucoup de sens pour moi non plus, mais c'est ce qu'on me dit depuis que je suis enfant." Eleanor hausse les épaules. "Les dieux sont des créatures pleines de préjugés. Très dramatiques, tous autant qu'ils sont. Contrôlés par leurs seules émotions. Sauf Eirene, ses amis et ses aides, peut-être. Et les muses. Elles sont gentilles."

C'est tellement bizarre de parler de ces choses avec Eleanor, pense Louis - il veut dire, bien sûr, sa mère connaît les dieux et les déesses de l'Olympe, mais Eleanor, elle - elle les connaît. Zeus est son grand-père. C'est pratiquement incompréhensible.

"Et l'amour ? L'amour est raisonnable, non ? Agréable et réconfortant. La déesse de l'amour n'est-elle pas raisonnable ?" Ca aurait du sens pour Louis. S'il y a quelque chose qu'il pense plus pur que le cristal et les brises d'été, c'est bien l'amour.

Eleanor s'ébroue et secoue la tête, alors il pourrait avoir tort.

"Aphrodite" ? Raisonnable ? Je ne le pense pas. Elle est terriblement prétentieuse. Elle est belle et fascinante, certes, mais elle est très vaniteuse et n'a aucun lien romantique avec qui que ce soit, ironiquement. Zeus, lorsqu'Aphrodite est apparue, l'a mariée à Héphaïstos, le dieu des forgerons et des artisans. Il est d'un ennui insupportable et n'est pas considéré comme très attirant. Zeus les a mis en couple parce qu'il était intimidé par la beauté d'Aphrodite et voulait l'attacher. Elle était si mécontente qu'elle a eu des liaisons avec des tonnes d'autres dieux, et d'humains d'ailleurs, pour se venger. Je ne lui en veux pas vraiment, car ce qu'ils ont fait était horrible, mais vous voyez le tableau. Elle ne représente pas vraiment la romance, son fils Eros s'en charge. Elle n'est que passion et sexe pour la plupart."

Louis fronce les sourcils. "Ils sont assez cruels, n'est-ce pas, les dieux ? Et unidimensionnels ?"

Eleanor sourit et secoue la tête. "Ils le sont, ne te méprend pas. Mais ils sont définis par les choses qu'ils représentent. Ils n'ont rien d'autre pour se démarquer. Ils deviennent leur trait le plus marquant. Ce n'est pas leur faute. Et d'ailleurs," elle baisse à nouveau les yeux sur son livre. "Ce n'est pas comme si l'humanité était moins cruelle ou violente."

"...Non ?" Louis se mord la lèvre. "Je ne... Ils ne le sont pas ?"

Eleanor relève à nouveau le regard, ses yeux à la fois inquiets et amusés.

"Oh, mon amour. Tu n'as rien vu au-delà de ces forêts, n'est-ce pas ?"

Louis ouvre la bouche pour répondre, de préférence quelque chose de sarcastique, mais le cours est terminé et le bruit sourd des livres qui se referment et des pages qui se tournent se mêle aux voix gazouillantes des élèves. Ce qui est probablement une bonne chose, parce que Louis n'est pas sûr de ce qu'il dirait. Parce que, il ne l'a pas fait, c'est le problème. Il n'a pas vu les humains dans un autre environnement que le sien. Et en regardant Eleanor qui parle comme si elle avait tout vu, il se sent plutôt embarrassé par ce fait.

Eleanor sourit à nouveau en rassemblant ses affaires et en repoussant une mèche de cheveux ondulés derrière son oreille.

"Tout va bien, Louis. Je te verrai dans le coin, d'accord ?"

"Oui, bien sûr." Louis acquiesce. "Qui sait, je pourrais peut-être avoir besoin d'une figure majestueuse pour gagner un peu d'autorité par ici".

Le sourire de ses lèvres se transforme en un rictus enjoué. "Je pourrais peut-être utiliser quelqu'un de petit et d'inconscient pour souligner mon autorité déjà existante."

Louis rit un peu, doucement et dans les aigus comme des cloches qui sonnent. "On dirait qu'on est quitte."

Ils se séparent en sortant dans le couloir, et Louis plonge dans la masse des gens, écrasant volontairement ses ailes sur ceux qui refusent de s'écarter de son chemin. C'est terriblement amusant de les voir trébucher et regarder rageusement autour d'eux pour en trouver la cause, puis faiblir en voyant le sourire innocent de Louis.

Personne n'est prêt à faire du mal à une petite fée. Vous vous en tirez avec absolument tout. Louis n'aime peut-être pas son manque d'énergie intimidante, mais cela ne veut pas dire qu'il n'a pas été capable de traquer tous les avantages possibles que cela pourrait lui procurer.

Dès leur rencontre, Stan est ébloui par la présence d'Eleanor, et Louis trouve cela hilarant.

(Ces deux-là feraient une histoire d'amour intéressante, quand on y pense. À en juger par la façon dont Stan regarde leur nouvelle amie, il est déjà en train de faire un brouillon dans sa tête).

Mais ils deviennent rapidement amis tous les trois, et c'est génial parce qu'ils viennent tous de mondes différents, savent des choses différentes et ont des façons différentes de voir les situations et les circonstances, alors les discussions ne sont jamais ennuyeuses. Ils forment une bonne équipe.

Eleanor en sait beaucoup plus que Louis et Stan, car elle a côtoyé les dieux olympiques les plus importants et tout ce beau monde, et elle est impatiente de leur raconter les escapades de l'Olympe. Elle leur raconte comment elle travaillait avec sa mère, cartographiant les étoiles et aidant les astronomes dans leur travail. Elle leur parle des différents dieux et déesses, des muses et du fait qu'elle a grandi autour de ce genre de débordement créatif. Elle est visiblement plus intéressée et familière avec les créatures féminines, ce que Louis trouve bien, car elles ont l'air d'être les plus sages, de toute façon.

"Puis nous avons Eris", poursuit Eleanor. "Et elle est l'opposée d'Harmonia. Alors qu'Harmonia est la déesse de, vous savez, l'harmonie et la concorde, Eris est la déesse du chaos. Il n'y a rien qu'elle apprécie plus que de créer des conflits entre les dieux et les humains - mais tant que vous n'êtes pas grossier ou que vous ne l'énervez pas, elle ne vous fera probablement pas de mal, car elle considérera probablement que c'est une perte de temps. Sauf si elle est de mauvaise humeur ou autre, bien sûr. Mais c'est vraiment de ses enfants que vous devez vous méfier."

"Des enfants ?" demande Louis. Stan se contente de hocher la tête, l'expression rêveuse et Louis soupçonne qu'il n'écoute pas vraiment. Probablement occupé à compter les cils d'Eleanor.

"Oui. Ils sont nombreux, mais très... isolés, je suppose. Tous sont des esprits représentant le chagrin, l'oubli, la famine, les mensonges, ce genre de choses. En gros, tous les sentiments négatifs jamais ressentis. Ils vivent tous avec elle à Tartaros, et aucune personne saine d'esprit ne s'y rend, sauf les âmes malchanceuses qui n'ont pas le choix. Je n'ai rencontré que deux d'entre eux, j'ai rencontré Ponos, qui personnifie le travail extrême, et puis j'ai aussi rencontré..." elle pince soudainement les lèvres et a l'air presque hostile. C'est une émotion qui ne convient pas à ses traits purs, et Louis est immédiatement plus intéressé qu'il ne l'a été depuis le début.

"Bref."

"Quoi ?" pousse-t-il, en essayant de retenir un peu de son empressement.

"J'ai rencontré Harry une fois. Harry Styles, il veut qu'on l'appelle. C'est un esprit, le seul esprit masculin d'Algos, et c'est le rejeton préféré d'Eris. Probablement parce que son travail, et son principal plaisir, dans la vie est de faire souffrir les gens."

"Ça n'a pas l'air d'être le genre de personne avec qui tu traînerais ?" Louis respire.

"Il ne l'est pas", Eleanor plisse le nez en signe de dégoût. "Il va juste dans cette école, et comme on vient tous les deux de Grèce, il est dans quelques-unes de mes classes. Il bénéficie d'un tel traitement de faveur que c'en est fou. Je veux dire, ses soeurs ont à peine un nom, mais il a juste décidé qu'il en voulait un et Eris lui en a créé un. Tout comme il lui a dit qu'il voulait venir ici. Elle l'a laissé faire sans aucun doute, et personne ne peut lui dire non parce que cet endroit est censé être ouvert à tous ceux qui veulent venir et apprendre. Seulement, il ne veut pas apprendre. On le remarque très clairement en classe, même les professeurs ont peur de lui. Il est seulement ici parce qu'il veut rompre l'équilibre et causer une détresse générale à tout le monde."

"Wow." Louis se frotte l'œil droit et lève les deux sourcils. "Il est vraiment si mauvais ?"

"Oh oui, Harry est effrayant." Stan ouvre la bouche pour la première fois depuis qu'Eleanor a commencé à parler. "J'ai cours d'anatomie humaine avec lui. Notre professeur a presque pleuré à la fin du dernier cours."

Eleanor regarde Louis et hoche la tête dans la direction de Stan comme pour dire "tu vois ?".

Il a un peu honte de l'admettre, mais sa réaction hostile à la simple mention de cet esprit ne fait qu'accroître la curiosité de Louis. C'est un truc avec Louis, il a juste besoin de tout savoir. Il absorbe les connaissances et les expériences comme une éponge. Et il n'a jamais rencontré une créature aussi mauvaise, même de loin, qui soit si différente de lui-même ou de quiconque qu'il connaît. Le plus proche d'une créature malfaisante qu'il ait rencontré est Nøkken, et il n'est mortellement dangereux que pour les humains. Il est juste un peu calme et malheureux quand il est avec ses semblables. Louis et les autres fées essaient de lui remonter le moral avec des danses et de la musique et en gardant son ruisseau propre. Ça marche parfois.

Donc ce n'est pas si bizarre, son attirance pour le sujet. Louis veut rencontrer ce garçon. Louis veut savoir qui il est et quelles sont ses motivations. Louis veut savoir ce qui pousse un mauvais esprit à être mauvais.

Il se dit qu'Eleanor connaît peut-être quelques-unes de ces choses et qu'elle pourrait lui donner un peu plus d'informations, même si elles sont légèrement biaisées, mais quand même.

"Pourquoi est-il mauvais, cependant ?" demande Louis.

Eleanor cligne des yeux. "Louis. Algo signifie douleur en grec. Il a littéralement été créé juste pour causer de la douleur. Il n'a pas de raison d'être malveillant, c'est sa nature."

"Mais il doit en avoir une", insiste Louis. "Les mauvaises âmes ont toujours une expérience ou un motif qui les rend mauvaises, non ? On ne naît pas mauvais."

"Tu es adorable, Louis, vraiment. Tu es si pur." Le ton d'Eleanor pourrait être pris pour de la moquerie, mais elle a l'air sérieuse. "Mais je connais ce type. Il ferait de ta vie un abîme sans joie, juste parce qu'il trouverait ça amusant."

"Je n'y crois pas." Louis fronce les sourcils avec obstination. "Écoute, on ne naît pas avec une âme maléfique. Tu ne choisirais pas de faire souffrir les gens, n'est-ce pas ?"

Eleanor gémit. "Je ne sais pas comment dire ça pour que ce soit plus clair. Harry a été mis au monde par Eris. Eris est la déesse du chaos. Les enfants d'Eris n'existent que pour aider Eris dans sa mission assignée de créer des disputes, des malheurs et de la douleur à son entourage. Harry est un esprit de la douleur. Il est né pour causer la douleur, il est né pour prendre plaisir à causer la douleur, il est né pour prendre plaisir à quelque chose qui fait de lui une âme méchante, et il en prend plaisir." Elle a Louis pratiquement cloué au mur à ce stade, et quelque chose le démange à peine sous la peau à cause de la conférence. "C'est une créature sournoise !"

"Mon dieu, très bien ! J'ai compris." Louis baisse les yeux sur ses mains, jouant un peu avec ses petits doigts. "Je pense juste que c'est une façon très injuste de penser, non ? Et si en fait il était décent, tu sais ?"

Eleanor soupire avec résignation et passe une main délicate dans ses cheveux, et Stan répond à sa place.

"Honnêtement, Louis, il se fait appeler Harry Styles. Je supposerais que c'est un con, peu importe la créature qu'il est. D'ailleurs, tu ne l'as même pas rencontré", dit-il. "C'est une belle pensée mais ça ne s'applique pas à lui. Désolé."

Louis relève la tête et plisse les yeux au ton de la voix de son ami. Stan n'a pas l'air fatigué ou sur la défensive, il a l'air condescendant. Il a l'air de penser que Louis est un enfant, et quand Louis déplace ses yeux vers Eleanor, il peut voir dans ses yeux, sa bouche et son langage corporel qu'elle est d'accord avec le faune.

Et soudain, Louis est en colère. Elle jaillit, soudaine, chaude et inattendue, et il ne prend même pas la peine de la retenir - il ne pense pas avoir de raison de la retenir.

Il est peut-être petit et gentil, mais ce n'est pas un enfant. Il ne fait rien de mal en croyant le meilleur des gens, et il ne mérite pas d'être ridiculisé pour être une bonne personne. Surtout pas par ses propres amis.

"En fait", dit-il d'un ton glacial. Il peut sentir le battement de ses ailes s'accélérer. "Tu me rends juste de plus en plus curieux."

Stan le regarde d'un air inquiet, visiblement conscient qu'il a déclenché quelque chose.

"Louis- "

"Je devrais en savoir plus sur lui. Je devrais aller m'occuper de lui."

"Je jure que..."

"Je le jure. Je vais le chercher tout de suite. A cet instant. Je vais le faire."

Eleanor et Stan échangent des regards animés. Louis sait ce qu'ils doivent penser, un bébé stupide qui fait une crise de colère, et il gonfle sa poitrine pour démontrer sa supériorité. Il est tellement au-dessus d'eux. Il est tellement au-dessus de leur condescendance. Ils ne sont même pas si importants que ça, et ils sont là à penser qu'ils peuvent jouer les grands et les puissants avec lui.

Il se lève de l'endroit où il était précédemment assis sur le lit d'Eleanor, jetant à chacun de ses amis un regard perçant.

"Je pars maintenant."

Eleanor est presque... Elle était peut-être trop sérieuse pour se moquer avant, mais elle a presque l'air amusée à ce stade, ce qui fait que Louis serre les poings si fort que ses jointures deviennent blanches.

"Ok," elle acquiesce. "Tu fais ça."

"Je vais le faire."

"Bien."

"Super. Je dirai bonjour de ta part."

"S'il te plaît."

Louis se contente de souffler avant de sortir en se pavanant, laissant froidement ses deux prétendus amis derrière lui pour réfléchir à leurs mauvaises actions.

C'est une bonne idée. C'est lui qui fait une déclaration. C'est Louis qui se défend.

C'est une bonne idée. Ça l'est absolument.

Chapitre 2

Ok, peut-être que Louis n'a pas bien réfléchi à tout ça.

Ce n'est pas qu'il ne croit plus en sa cause ; il est toujours déterminé à trouver ce qui est si insupportablement terrible chez ce type.

C'est juste que, eh bien, Louis n'a absolument aucune idée d'où chercher. Il ne sait pas où cette âme, où Harry, choisirait de passer son temps libre. Il ne sait pas si Harry a des amis. Il ne sait

pas s'il est secret ou ouvert, s'il reste assis dans son dortoir et ignore l'environnement ou s'il sort pour rencontrer des gens qui partagent ses idées.

Après un moment à marcher sans but dans le campus, Louis sait qu'il doit demander à quelqu'un. Ce qui serait légèrement humiliant.

Comment pourrait-il même faire ça ? Hé, il y a une créature appelée Harry que je n'ai jamais rencontrée, jamais vue et dont je n'ai jamais entendu parler avant cet après-midi. Savez-vous où il pourrait être ?

Louis frémit à cette idée.

Peut-être qu'il pourrait prendre ça comme une blague. Haha, tu le croirais, je viens de perdre un pari avec mes amis et maintenant je dois trouver un type qui s'appelle Harry Styles. Tu sais qui c'est ?

Est-ce que c'est une chose que tu peux faire ? Est-ce que ce serait acceptable ?

Louis ne le sait pas.

Il n'y a pas grand monde dehors en ce moment et de plus en plus de gens disparaissent à l'intérieur au fur et à mesure que le soleil se couche, alors Louis sait qu'il doit agir rapidement.

On dirait qu'il n'a pas vraiment le choix.

C'est comme arracher un pansement, pense-t-il.

(Non pas qu'il sache ce que ça fait, c'est une phrase qu'il a entendu un humain utiliser une fois. Mais il suppose que c'est censé signifier que quelque chose est rapide et inoffensif. Avec un peu de chance.)

Avec son esprit toujours aussi inintelligible, il vise une centauresse assise calmement sous un arbre près des marches principales en marbre. Elle a l'air assez agréable. D'après ce que Louis a compris, les centaures sont des créatures agréables pour la plupart. Légèrement insaisissables et excentriques, mais il peut s'en accommoder.

Lorsque Louis s'arrête devant elle, il s'éclaircit maladroitement la gorge pour attirer son attention, et elle arrête de peigner ses cheveux blonds platine avec ses doigts pendant un moment pour le regarder.

Elle arrête un instant de peigner ses cheveux blonds platine pour le regarder. "Bonjour", dit Louis, et il peut sentir ses joues devenir inconfortablement chaudes. "Désolé si je dérange, mais vous ne sauriez pas par hasard où se trouve Harry Styles, n'est-ce pas ?"

La centauresse le regarde de haut en bas, et un froncement de sourcils se creuse sur son visage lisse. "Pourquoi quelqu'un comme toi voudrait-il avoir quelque chose à faire avec Harry Styles?"

"Hum." Louis baisse les yeux sur ses pieds nus. "C'est-c'est rien. Un pari stupide. Vous voyez? Et je ne l'ai jamais vu ou quoi que ce soit, et je-je pensais que peut-être vous l'aviez vu ?"

Eh bien, c'est juste le plus lisse qu'il ait jamais été. Vraiment, félicitations, Louis, se gronde-t-il intérieurement et il lui faut toute sa force pour ne pas se donner un coup de pied dans le tibia ou

quelque chose d'aussi embarrassant. Elle sera certainement capable de passer outre ton apparence cassante quand tu rougiras comme une haie de roses et que tu bégaieras pire qu'un pigeon suffocant.

"Oh, chéri." Elle regarde Louis avec inquiétude, et oui, Louis déteste être une fée. Au diable tous les avantages d'en être une, il veut être un géant effrayant. Il veut être un incube. Il veut être un dragon féroce. Il veut être quelque chose qui incite les gens à le regarder avec respect et, de préférence, avec une légère crainte, pas quelque chose qui incite les gens à le regarder de haut comme s'il était une fragile petite feuille d'automne.

"Rends-toi service et fais demi-tour, ouais ?" pour- suit-elle, une ride anxieuse entre ses sourcils douloureusement visible et qui rend Louis positivement fou. "Retourne d'où tu viens et dis à tes amis qu'ils sont des âmes terribles pour avoir parié sur ça. Ce n'est pas quelque chose que tu devrais faire."

Je ne suis pas un petit enfant ! Je ne suis pas un petit enfant ! Je ne suis pas un petit enfant !

"Si, ça l'est", répond fermement Louis. "J'ai vraiment besoin de faire ça, en fait."

"Ecoute, Harry n'est pas une bonne âme. Ce n'est pas quelqu'un que tu veux voir savoir qui tu es. Surtout pas toi."

"Mon Odin, je ne suis pas en verre !" s'exclame Louis en levant les mains pour souligner sa frustration. "Écoutez, si vous ne voulez pas m'aider, je comprends, mais ce n'est pas négociable. Est-ce que vous savez où il est ou pas ?"

La centauresse blonde le regarde pendant quelques secondes, les lèvres pincées, délibérant avec elle-même pour savoir si c'est une bonne idée ou non. Ce n'est probablement pas le cas. Ce n'est certainement pas le cas, et elle le sait, et Louis l'admet aussi. Mais à présent, il est prêt à tout pour prouver qu'il est aussi fort que n'importe qui d'autre dans cet endroit, et il la regarde d'un air aussi suppliant que possible.

Finalement, elle soupire et secoue la tête. "Il traîne généralement à l'arrière du bâtiment principal. Mais il n'est probablement pas seul. Il a sa foule d'admirateurs, et ils ne sont généralement pas très gentils. S'il te plaît sois prudent."

Louis expire avec un sourire reconnaissant. "Je vous remercie beaucoup. Vraiment, merci. Je vous suis redevable."

Et puis il est parti aussi vite qu'il le pouvait. Il plane même à quelques centimètres du sol, n'étant même pas capable de contrôler ses ailes dans son empressement.

Il entend très vite des voix, et il comprend qu'elles doivent effectivement se trouver derrière le bâtiment principal comme l'a dit la centauresse. Les tons sont étouffés et rudes, ils ricanent, et cela donne presque des frissons à Louis.

Il n'est pas stupide. Louis sait maintenant que cela pourrait être dangereux, alors au lieu de sortir dans toute sa fierté et sa gloire, il opte pour un coup d'œil furtif d'abord, caché par le coin du bâtiment. C'est toujours un avantage de savoir exactement dans quoi on s'engage, et pour le moment, Louis ne le sait pas. Il a beau être chargé de suffisamment d'adrénaline et de désir de faire ses preuves pour avoir une légère envie de s'évanouir, il n'est pas complètement téméraire.

Ils sont tous assis dans l'herbe - mais il n'y a pas un nombre excessif de créatures, Louis les compte jusqu'à sept environ, et il se trouve un peu soulagé. Au moins Harry ne s'est pas procuré une armée d'inadaptés sournois. En fait, cela effraierait un peu Louis (beaucoup. Ça l'effraierait beaucoup). Il y a une différence entre être courageux et avoir perdu la tête.

Maintenant. Lequel est Harry ?

Louis étudie attentivement chaque créature, à la recherche du moindre détail qui pourrait être important pour identifier celui qu'il cherche.

Il y a beaucoup d'hybrides. Une fille a le torse d'un humain, mais à la place de ses jambes, elle a une longue queue serpentine. Les écailles brillent dans la faible lumière du soleil, assorties aux feuilles vertes au-dessus d'elle. La créature à côté d'elle, Louis l'a vue une fois auparavant. C'est celle avec les crocs et la peau pâle qui marchait derrière lui le premier jour. Louis sait maintenant qu'il est un vryolaka, un vampire.

(Une partie de lui se demande ce que ces créatures peuvent bien apporter aux univers, ce qu'elles font pour qu'on les considère comme des 'aides' de quelque sorte que ce soit. Il note mentalement de se renseigner à ce sujet plus tard).

Il aperçoit un couple de centaures mâles ainsi qu'un couple de ce qui ressemble à des Valkyries - si Odin connaissait la compagnie qu'ils tiennent - et puis les yeux de Louis tombent sur un garçon au centre de tout ça.

Louis se souvient vaguement avoir dit à Stan qu'il n'y a rien de plus beau que la nature au lever du soleil. Il a un peu envie de le reprendre.

La créature a une mâchoire pointue et de grands yeux ; ses lèvres sont rouges comme des cerises et sa peau est d'un ivoire lisse comme une touche de piano. Louis regarde le vent tirer les boucles de sa tête, et il pense à des châtaignes mûres.

Il aurait pris la créature pour un humain, mais il est probablement impossible pour un humain de maintenir ce genre de perfection physique. Ça, et les marques noires en spirale qui courent le long de ses bras nus.

Louis a compris que ces tatouages noirs doivent être le signe d'un esprit romain ou olympien, puisque les esprits qu'il connaît dans la forêt ont des tatouages bleus. Il ne sait pas si c'est ce qui se passe quand on entre dans un corps hôte, ou si c'est juste un signe que l'on n'est pas vraiment de chair et de sang, il est seulement certain qu'ils sont le signe d'attributs spirituels. Les esprits ont-ils leur propre corps ? Est-ce que c'est une chose qu'ils peuvent faire, passer de la chair aux os et de la brise à la peau ? Louis ne sait pas grand-chose sur les esprits.

Sauf qu'ils sont magnifiques, apparemment.

Les minutes passent, et Louis reste là. Il est presque plus intimidé par la beauté de l'esprit que par sa réputation de dissuasion, ce qui, peut-être devrait-il faire une réévaluation de ses priorités, mais... Ce n'est que maintenant qu'il réalise son prochain obstacle : que diable va-t-il dire aux créatures dans l'herbe ? Quel était son plan en premier lieu ?

C'est une chose de s'approcher et de demander de l'aide à une centauresse. C'est une chose complètement différente.

A quoi pensait-il, franchement ? Il est censé aller vers Harry, dire bonjour et repartir ? Il doit s'incliner ? Il doit poser des questions ? Quel genre de questions stupides ?

Les fées sont peut-être beaucoup de choses, mais ce ne sont pas les créatures les plus intelligentes, note Louis avec tristesse et se réprimande pour ses actions irréfléchies.

Peut-être qu'il devrait juste faire demi-tour maintenant. Il peut mentir. Il peut le faire. Il peut dire à Eleanor et Stan que Harry et lui ont eu une conversation civilisée et calme pour prouver à ses amis qu'ils ont tort et à lui-même qu'il a raison, et personne ne reparlera jamais de ça.

Louis jette un dernier coup d'œil à la belle, se préparant à faire rapidement demi-tour et à rentrer sur la pointe des pieds sans se faire remarquer.

Cela ne se passe pas exactement comme prévu.

Au moment où il va se pencher en arrière et partir, le vampire lève la tête et fixe Louis dans les yeux, jusqu'à l'âme. C'est pénétrant et terrifiant et tout ce que Louis peut faire pendant quelques secondes est de regarder en arrière, pétrifié.

Et puis le vampire se met à rire. Il rit, et c'est horrible, et il donne un coup de coude à Harry, pointant du doigt l'endroit où se tient Louis.

Non. Non, non, non-

Harry fronce d'abord les sourcils de perplexité, puis il regarde dans la direction indiquée par le vampire.

Leurs yeux se croisent pendant une seconde, ceux de Louis s'élargissent de peur et ceux de Harry s'affinent d'intérêt, les lèvres en peluche se séparent en un rictus taquin et Louis sait, il sait qu'il est foutu.

Avec un sifflement paniqué, il s'éloigne de l'endroit où il se trouve, tourne sur ses talons et s'envole aussi vite qu'il le peut. Ses joues sont chaudes et roses d'humili-ation et il fait de son mieux pour fuir à la vitesse de la lumière jusqu'au dortoir de Stan et lui. Les ailes sur son dos battent désespérément, se transformant en un flou d'argent et de lumière dans sa tentative précipitée.

En fait, il n'entre même pas dans le bâtiment ; il trouve leur fenêtre ouverte et s'envole par là, atterrissant la tête la première sur son lit avec un gémissement.

Son nez lui fait mal, et il se redresse d'un geste rapide, le frottant pour s'assurer que tout va bien. Il aime son nez. C'est un trait de visage très important et il aime bien qu'il soit si délicat et petit. Il a vu les trolls, d'accord, et il n'aime pas être impoli, mais il préférerait probablement mourir plutôt que d'avoir ce genre de scrotum gonflé qui occupe la moitié de son visage.

Stan est allongé sur son lit, les mains derrière la nuque, regardant avec amusement son ami et colocataire se calmer de sa détresse, et Louis ne le remarque même pas. Il est bien trop pris par l'adrénaline et l'embarras, jusqu'à ce que-

"Donc je suppose que tu l'as trouvé, alors ?"

Louis grimace de surprise et tourne ses grands yeux vers le faune.

"Oh. Salut." Il redresse sa posture, croise ses bras sur sa poitrine et relève le menton. Position accomplie. "En fait, je l'ai fait."

Le sourire de Stan est moins impressionné et plus complice, et ça énerve Louis. "Et tu étais auparavant en train de voler pour ta vie parce que... ?"

Louis cligne des yeux plusieurs fois, essayant de trouver une réponse appropriée. "Je ne volais pas pour ma vie ! Et certainement pas parce que quelqu'un m'a fait du mal, ça c'est sûr. Je voulais juste... voir à quelle vitesse je pouvais aller."

"Oh." Stan hoche excessivement la tête. "Je vois."

"Va te faire voir", marmonne la fée, en baissant les yeux sur ses chevilles croisées. "J'ai raison et tu as tort."

"Ouais, ouais, peu importe", dédaigne Stan. "Mais vraiment, que s'est-il passé ?"

Le silence se fait pendant quelques secondes. Louis soupire alors, libérant ses bras pour les poser sur ses genoux et jouer avec ses doigts.

"Je ne lui ai pas vraiment parlé. Je l'ai vu, je l'ai fait. Mais je n'ai pas vraiment, tu sais. Interagi. Verbalement."

"Ok, alors... Pourquoi la fuite ?" Les sourcils de Stan sont froncés.

"Eh bien..." Louis se déplace mal à l'aise et se gratte le cou. Il refuse de regarder son ami. "Il m'a en quelque sorte vu aussi ? Derrière le coin du bâtiment ? En train de le regarder ?"

Stan écarquille les yeux, puis un rire lui mord les coins de la bouche. Louis le déteste.

"Oh, mec. Oh mon dieu. Je suis tellement désolé."

"Non, tu ne l'es pas", murmure Louis, et il n'a même pas besoin de regarder son ami pour savoir que le sourire de Stan s'est élargi.

"Il n'a rien fait, pourtant, n'est-ce pas ?"

"Non. Il m'a juste vu ramper. Je suis parti avant que quelque chose puisse être fait."

Stan secoue la tête en signe d'incrédulité amusée. "C'est trop génial."

"S'il te plaît, ne le dis pas à Eleanor", siffle Louis en le suppliant. "S'il te plait. Elle ne laissera jamais, jamais passer ça. Ça doit rester entre toi et moi. Promets-moi que tu ne le diras pas."

"Oui, bien sûr. Bien sûr."

"Tu n'as pas l'air très convaincant."

Stan roule les yeux. "Je ne dirai rien sur toi. Elle le découvrira probablement de toute façon."

Ça pourrait être vrai. Non pas que Louis soit prêt à admettre quoi que ce soit.

Honnêtement, ça ne serait même pas si grave. Le petit voyage de Louis lui a peut-être fait un peu peur, mais il ne l'a pas du tout effrayé - au contraire, il a été encore plus intrigué par l'esprit de la douleur qu'avant.

(Et si c'est dû à une petite envie de revoir ces boucles épaisses, ces lèvres rouges et ces yeux semblables à ceux de la forêt, cela ne regarde personne et n'a aucune importance, et Louis ne l'admettra jamais).

*

Pendant le week-end, Stan rentre chez lui. Ce n'est pas un problème au début. C'est normal, vraiment. Il y a des portails à sens unique vers chaque monde dans le sous-sol du bâtiment principal, une pièce pour chaque entrée. C'est tout un processus avec des papiers signés et une supervision, mais c'est normal. Vous savez. Tout va bien. Louis et Eleanor se débrouillent très bien tout seuls, eux aussi. Rien de tout cela ne fait de son retour à la maison un problème.

Cela devient un problème le lundi suivant au déjeuner, quand il n'est toujours pas rentré et que l'annonce publique parvient à Louis et Eleanor pendant le déjeuner.

Les portails sont cassés.

Apparemment, ce matin même, le concierge nettoyait le couloir près des salles des portails, et dans le processus, il avait été dérangé dans son calme par un violent coup sur trois des portes.Lorsqu'il a ouvert pour voir ce qui se passait, il s'est avéré qu'une dizaine de créatures par salle, qui n'étaient certainement pas censées être à l'université, étaient en fait là. Elles venaient toutes de mondes différents. Toutes étaient confuses. La moitié d'entre elles étaient légèrement terrifiées. Aucun d'entre eux n'était étudiant.

Cela s'est produit dans tous les mondes, des créatures aléatoires venues des endroits les plus inattendus atterrissant à l'Olympe alors qu'elles devaient se rendre sur Terre, ou au Pays des Merveilles alors qu'elles devaient se rendre à Asgard. Aucun des portails n'est soudaine-

ment fiable. Pour l'instant, ils peuvent mener n'importe
où et partout, et si vous passez par un portail à double
sens pour aller à un endroit, votre destination peut
toujours être celle d'un portail à sens unique.

Pour faire court, les portails sont inutiles et terriblement
dangereux.

Cela ne s'est jamais, jamais produit auparavant.

Tout ce qu'Eleanor et Louis peuvent faire en écoutant la
nouvelle choquante, c'est se regarder fixement, horrifiés.

"Oh mon Dieu", murmure Eleanor, une main se levant
pour couvrir sa bouche.

Louis a envie de faire la même chose. Pleurer un peu,
peut-être. Il est actuellement en train de planer à environ deux pouces au-dessus de sa chaise, en détresse.
"Stan pourrait être n'importe où."

"Il pourrait être piégé dans le monde souterrain ou
quelque chose comme ça", pleurniche Eleanor. "Il pourrait être piégé à Tartaros. Oh mon Dieu."

C'est un peu une catastrophe dans l'ensemble. Personne n'est soudainement autorisé à quitter l'école, et tout

le monde a reçu l'ordre, après avoir terminé le déjeuner, de retourner directement au bâtiment des dortoirs et d'y rester pour le reste de la journée, tandis que le personnel est convoqué à une réunion pour décider de ce qu'il faut faire avec les portails et les créatures qui en proviennent. Les élèves ne sont en aucun cas autorisés à descendre dans l'une des salles des portails.

La plupart des élèves ont la même réaction qu'Eleanor et Louis. La cafétéria est remplie à ras bord de regards choqués et de conversations haletantes, de regards inquiets et de gestes bouleversés.

Et puis- au milieu de tout ça, le regard de Louis se pose sur Harry. Et l'esprit a juste l'air suffisant.

Louis fronce les sourcils et donne un coup de coude sur le côté d'Eleanor pour attirer son attention. Lorsqu'elle le regarde, il fait signe au garçon aux cheveux bouclés qui se trouve près de la table, pas très loin de la leur.

Eleanor comprend rapidement ce qu'elle est censée voir, et sa mâchoire se serre.

"Je vous jure qu'il a quelque chose à voir avec tout ça. Je pourrais parier mon existence qu'il sait exactement pourquoi les portails fonctionnent mal."

"Tu es vraiment sûr qu'il est assez puissant pour arrêter le système de voyage du monde entier?" Louis est dubitatif. Ce n'est pas quelque chose qu'un esprit pourrait faire. Cela doit être assez difficile à accomplir pour un Dieu.

"Non", s'ébroue Eleanor. "Il ne l'est pas. Mais sa mère, la Déesse du chaos, l'est certainement."

Louis se calme un instant. "Oh. Ouais, ça a du sens." Il se mord la lèvre.

Ils observent à nouveau Harry, qui se penche sur sa chaise avec un sourire satisfait, croisant les bras en regardant les créatures autour de sa table discuter avec enthousiasme de ce qui a pu se passer. Lorsque la fille-serpent se tourne vers lui pour dire quelque chose, il se contente de se lécher les lèvres, tirant sur celle du bas aux dents blanches et dit quelque chose qui fait se creuser ses fossettes de façon impossible.

Louis ne peut s'empêcher de pousser un soupir mélancolique.

"Il est stupidement attirant", pense-t-il à voix haute.

Eleanor tourne la tête dans la direction de Louis, le regardant comme s'il venait d'offenser sa mère. "Quoi ?"

Louis tressaille et la regarde aussi innocemment que possible, se rongeant l'ongle du pouce de manière incertaine. "Hum. Je veux dire. Ce n'est pas comme si. Ecoute, je ne fais qu'énoncer

objectivement un fait. C'est dans ma nature d'apprécier les choses esthétiquement plaisantes."

"Tu ne peux pas être sérieux."

"Oh, allez. Il est attirant. Tu l'es aussi. Moi aussi. Ce n'est pas grave."

Le visage d'Eleanor est sévère. "Il vaudrait mieux que ça ne le soit pas. Ne fais jamais confiance aux belles créatures du monde souterrain. Jamais. On leur attribue leur apparence juste pour leur donner un faux sentiment de fiabilité."

"N'est-ce pas un peu injuste de-"

"Jamais."

Louis envisage de protester et d'en faire un argument, mais il décide de ne pas le faire. Ils n'ont pas besoin de plus de tension ou de stress ici et maintenant.

"Ok. Bien. Peu importe." Il se contente de rouler les yeux et d'avaler une fourchette de pâtes pour souligner qu'il n'est pas ouvert à une poursuite de la discussion.

Eleanor ne semble pas l'être non plus, donc tout va bien. Elle prend aussi sa fourchette et commence à manger, une ride inquiète entre ses sourcils. Louis la comprend. Ses mains tremblent légèrement quand il pense à ce que son autre ami pourrait vivre en ce moment.

Il espère que Stan va bien. Il espère que Stan va pouvoir aller dans un endroit agréable - en toute logique, il a plus de chances de se retrouver dans un endroit tolérable que dans un endroit dangereux. A Olympus, ou chez Louis, peut-être. Ils sont amicaux dans la forêt. Peut-être même qu'il a réussi à rentrer chez lui avant qu'ils ne tombent en panne. Il espère de tout son coeur que Stan n'est pas coincé sur Terre. Ou à Tartaros, comme l'a dit Eleanor. Il n'a entendu que des choses horribles sur cet endroit.

Finalement, il s'est rongé tous les ongles, plutôt que la nourriture dans son assiette.

C'est terriblement ennuyeux, cette solitude.

Louis est actuellement assis sur son lit dans son dortoir, faisant de son mieux pour étudier. Tout est calme, sauf le frottement occasionnel du stylo contre le papier. Il n'arrive pas à faire grand chose, son esprit est trop pris par tout le reste. Ni lui ni Eleanor n'ont vraiment été les mêmes après l'annonce, leurs pensées étant troublées par la confusion et l'inquiétude pour leur ami, et à présent, se concentrer sur ses devoirs revient pour Louis à se frayer un chemin dans une forêt épaisse et brumeuse où il n'a jamais mis les pieds.

Il a presque terminé son devoir d'écologie (qu'il trouve assez intéressant) quand il entend soudain des bruits dans le couloir à l'extérieur.

Louis fronce les sourcils ; personne n'est censé être dehors en ce moment. A moins que ce ne soit les professeurs ou d'autres membres du personnel, bien sûr, mais il doute qu'ils courent par ici alors qu'ils ont tant d'autres problèmes à régler en ce moment.

Pendant un moment, il pense presque que son cerveau surmené invente des choses, mais il l'entend à nouveau. Des bruits de pas se rapprochent, suivis de voix. Des cris, en fait. Quelqu'un crie rends-le, s'il te plaît, s'il te plaît, rends-le, et tout ce que Louis entend comme réponse est un ricanement. Louis envisage de sortir et de dire à qui que ce soit de rendre ce qu'il a pris à qui en a besoin, mais il a aussi un peu trop peur de s'attirer des ennuis. Elle le surprend assis tranquillement et nerveusement sur son lit, écoutant avec inquiétude ce qui se passe devant sa porte.

D'autres appels résonnent désespérément dans le couloir, alternant entre désespoir et colère, et l'autre personne ne dit rien ; elle se contente de rire de façon menaçante de temps à autre pour se moquer du pauvre homme.

Et puis, tout à coup, il y a un cri furieux qui fait voler Louis vers le plafond, il y a un bruit de sifflement et un bruit sourd sur le sol à l'extérieur, et puis il y a une personne debout dans la chambre de Louis.

La créature est plaquée contre le mur à côté de la porte et se tient la main sur la bouche pour étouffer son rire. La personne qui se trouve encore dans le couloir frappe et tape à la porte, lui demandant furieusement de ressortir. L'invité indésirable ne répond pas.

Louis se baisse lentement du coin du plafond pour voir de plus près qui a réussi à entrer dans son dortoir alors que la porte est en fait verrouillée, et quand il reconnaît la tête aux boucles floues, il ne peut s'empêcher de lâcher un ;

"Qu'est-ce qui se passe là ?"

Les coups frappés à la porte se sont momentanément arrêtés, et Harry lève la tête pour voir d'où vient cette déclaration.

Lorsqu'il voit Louis planer à quelques mètres au-dessus de son lit, il incline d'abord la tête d'un air perplexe, les sourcils froncés.

Puis quelque chose change, et les coins de sa bouche sont tirés en un sourire narquois. "Salut."

Louis ne répond pas au sourire. Au contraire, il se baisse prudemment sur le sol avec un regard sceptique. "Qu'est-ce que tu fais dans ma chambre ?"

"Je te connais", dit Harry avec joie, ignorant complètement la question de Louis. "C'est toi qui m'espionnais il y a quelques jours, n'est-ce pas ?"

Louis sent tout son visage rougir et sa colonne vertébrale se raidir. "Non, ce n'est pas moi."

"À l'arrière du bâtiment principal, non ? Je t'aurais bien invité à discuter, mais tu es parti si précipitamment. Combien de temps es-tu resté là, vraiment ?"

"Je n'ai aucune idée de ce dont tu parles."

Harry continue d'ignorer ses tentatives de déni. Il fait un cliquetis avec sa langue et secoue lentement la tête, faisant un pas en avant. "Je ne pense pas que je pourrais oublier un si joli visage."

Louis cligne des yeux. "Je- je ne le suis pas. Je veux dire. Je ne l'oublie pas. Quoi ?"

Harry lui fait une grimace. "Tu es adorable."

Louis s'éclaircit la gorge et se donne plusieurs claques internes pour se sortir de cet état d'agitation et se concentrer sur la question la plus urgente, à savoir pourquoi cet esprit infâme et inaccessible est dans sa chambre en ce moment même.

"Comment as-tu- qu'est-ce que tu faisais là-bas ?" demande-t-il.

"Oh", Harry lève les sourcils avec nonchalance. "Je m'amusais juste un peu. Je m'amusais un peu."

Il tient quelque chose derrière son dos. Louis fronce un sourcil et laisse son regard errer de l'objet caché jusqu'au visage d'Harry.

"Qu'est-ce que tu as là ?"

La lueur dans les yeux d'Harry est malicieuse d'une manière inconfortablement rusée. "C'est une canne."

Il la tend à Louis pour qu'il la voie. C'est une canne, il ne ment pas - bien que Louis la reconnaisse. Elle appartient à un nain de sa classe de génétique. Un nain qui n'a qu'une jambe. Un nain qui a besoin de la canne pour pouvoir marcher.

Louis écarquille les yeux, consterné. "C'est... c'est la canne de Camron. Camron en a besoin."

Harry caresse nonchalamment ses longs doigts de haut en bas sur le bois sombre et poli. "Je suppose."

"C'est affreux." Louis est en train de froncer les sourcils, sa voix est manifestement troublée par la malice des actions de Harry. "Pourquoi tu ferais ça ?"

Il obtient un haussement d'épaules et un sourire en coin. "Pourquoi pas ?"

La bouche de Louis s'ouvre dans quelque chose d'alarmant, proche du dégoût.

"Parce que Camron a besoin de ce truc !" s'exclame-t-il, les yeux se durcissant à chaque seconde. "Le pauvre gars n'a qu'une jambe, pour l'amour du ciel. Tu ne crois pas qu'il a déjà assez souffert ?"

Harry fait une moue sur ses lèvres. Elles sont de la couleur de framboises trop mûres. Il n'a pas l'air dérangé du tout par les paroles de Louis, et ce dernier commence peu à peu à remettre en question le jugement qu'il portait sur lui.

"La question est plutôt de savoir qui décide de ce qu'est une 'souffrance suffisante' ?" se figure-t-il, semblant ne même pas s'adresser à Louis. "Est-ce que ça existe ?"

Les sourcils de Louis se rejoignent avec tant de force qu'il pourrait commencer à s'inquiéter qu'ils se transforment l'un en l'autre. "Oui. Ça existe."

Il dévie une hanche et pose sa main dessus, donnant à Harry son meilleur regard autoritaire.

"Vas-y et rends-le lui."

Harry le regarde fixement pendant un moment. Il le regarde de haut en bas. Il semble comprendre que Louis est sérieux.

Et puis il se met à rire.

C'est profond, rauque et moqueur, étrangement mélodique, mais Louis n'aime pas ça du tout. Parce que Harry se moque de lui. Il est tellement évident qu'il se moque de Louis, et s'il y a une chose que Louis méprise par-dessus tout, c'est qu'on se moque de lui.

"Oh, chéri", dit Harry avec condescendance. "Qui es-tu pour me dire ce que je dois faire ?"

Et c'est à ce moment-là que Louis décide de retirer toutes les pensées qu'il a eues jusqu'ici à propos d'Harry. Il reprend la gentillesse et la croyance que cet esprit est peut-être simplement incompris, l'étrange attraction et la fascination, il reprend tout ça. Il reprend tout, parce que Harry ne mérite rien de tout ça. Harry n'est pas digne du respect ou de la bienveillance de quiconque.

"Une bonne âme", Louis grince des dents. "C'est ce que je suis. Et tu rends cette canne à

Camron qui est probablement encore assis dehors, incapable de faire quoi que ce soit pour se sortir de cette situation dans laquelle tu l'as mis, de façon impromptue et injustifiée. Qui fait ça ? Tu n'as donc aucune manière ?"

Harry reste silencieux pendant une seconde. Il regarde Louis comme s'il pensait que Louis était fou. Il laisse ses yeux suivre le corps de la fée de haut en bas pendant un long moment.

"Sais-tu qui je suis ?", se contente-t-il finalement de dire. Ses mains s'accrochent toujours avec persistance au bâton de bois. Heureusement que Louis est la personne la plus têtue que Louis ait jamais connue, alors. Il pense qu'il est probablement temps qu'Harry ait un adversaire de taille.

"Ouais." Louis rencontre les yeux au-dessus de lui avec confiance. Harry est odieusement grand, vraiment, il pourrait être un demi-géant ou quelque chose comme ça, mais Louis n'a pas peur. Il n'a pas peur des esprits arrogants qui n'ont aucune notion de décence ou de respect.

Harry hoche la tête, de façon à peine perceptible. "Alors tu devrais probablement surveiller ta jolie petite bouche."

"Je n'ai pas peur de toi."

L'âme d'Algo aboie un autre rire moqueur.

"Vraiment ? Je peux te faire souffrir au point de te faire croire que tu vas mourir d'un simple geste de la main, et tu es un lutin avec un complexe de Dieu. Je réévaluerais cette affirmation si j'étais toi."

Un lutin.

Un lutin.

Les yeux de Louis se transforment en lignes fines. Harry ne le sait pas, ou peut-être le sait-il probablement, en fait, mais s'il y a une chose que Louis ne supporte absolument pas, c'est quand les gens ont le culot de le comparer à l'une de ces minuscules et insupportables petites créatures. Les Lutins ne sont rien d'autre que des perturbateurs de la taille du pouce d'un humain. Ils ne remplissent aucune fonction. Ils sont juste là, comme des moustiques, des mouches ou d'autres insectes tout aussi irritants.

Et Louis remplit une fonction. Louis est une fée de la nature, Louis aide à changer les saisons, à récolter, à faire pousser l'herbe, les marguerites et les pommiers. Louis n'est pas de la taille d'un être humain, merci beaucoup. Louis ne vaut pas la peine d'être comparé aux membres d'un humain - les pigeons, si.

Et quand Louis voit le sourire atroce d'Harry, il se rend compte que oui, Harry est bien conscient de tout cela.

Ça le rend positivement nauséeux de fureur.

"Je suis une fée", dit-il lentement et froidement. "Et tu es pathétique."

Le pli de la bouche d'Harry ne disparaît pas tout à fait. Louis veut qu'il soit effacé de son visage pour toujours. "Je le suis maintenant ?"

"Eh bien." Louis pince les lèvres et lève les sourcils en signe de défi. "Ce n'est pas moi qui harcèle des créatures sans défense de la moitié de ma taille."

"Des créatures de la moitié de ta taille ? Ça doit être difficile à trouver, lutin."

"On peut se demander", poursuit Louis, "pourquoi tu ne va pas embêter des créatures de ta taille ? Tu as peur de n'avoir aucune chance contre quelqu'un de ta taille ?"

Ses entrailles se gonflent de fierté lorsque l'amusement disparaît complètement du visage de Harry.

L'âme la plus grande rétrécit ses yeux de façon hostile, et il fait un pas de plus en avant et se penche, de sorte qu'ils sont presque au niveau des yeux.

"Ne remets pas en question mes capacités, mon petit," dit-il profondément, parlant à voix basse.

"Je pourrais te foutre en l'air. Je pourrais te tuer, si je le voulais. Alors suis mon conseil et ne te mêle pas de mes affaires."

"Je pensais qu'on avait décidé que je n'avais pas peur de toi." Louis peut presque sentir le souffle léger d'Harry sur son visage. Ils sont si proches. "Et si tu as une once de décence dans ton corps, juste une pincée de quelque chose qui n'est pas entièrement et complètement méprisable, tu vas rendre sa canne à Camron."

"Je ne reçois pas d'ordre d'un assistant naturel insolent."

Un moment de silence s'installe autour d'eux, les deux garçons se regardant intensément dans les yeux. Cela se transforme en un jeu tacite, celui qui rompra le premier le contact visuel. Louis peut compter les différentes nuances de vert dans les iris sombres d'Harry, il peut compter ses cils noirs et voir les plis de ses paupières.

Louis le rompt.

"Bien", murmure-t-il. "Fais comme tu veux."

Puis il se faufile entre Harry, lui donnant un coup de coude énergique, et se dirige vers la porte.

Lorsqu'il l'ouvre avec précaution, il trouve, comme prévu, Camron assis en position fœtale, le dos contre le mur du côté droit de la porte. Il ne lève même pas les yeux vers Louis, et Louis se sent si mal pour lui.

"Salut toi. Allez, mon pote", dit-il doucement. "Viens, on va te mettre dans ta chambre, d'accord?"

Le petit nain lève lentement les yeux quand il se rend compte que la voix qui s'adresse à lui est trop haute et trop gentille pour venir d'Harry. Son visage se détend remarquablement quand il voit l'apparence amicale de Louis, et il sourit un peu. "Merci."

"Hey, pas de problème, d'accord ? Maintenant si tu mets ton bras ici..."

Louis se baisse et fait signe à Camron de passer son bras autour de son cou. Camron le fait, et ils parviennent à se relever en position debout. Camron continue de remercier Louis encore et encore, et Louis continue de lui assurer que ce n'est rien.

Lorsqu'ils se trouvent sur le seuil de la porte de la chambre de Louis, ce dernier découvre que

Harry le regarde avec quelque chose d'indéfinissable dans les yeux. La canne est toujours dans ses mains, et Louis lui lance un regard de dépit lorsque leurs regards se croisent.

"Ne lui laisse pas ce plaisir. Je te ferai une nouvelle canne", promet Louis à Camron. "Je peux en faire pousser une dans l'arbre que tu veux. Ou du moins, qui pousse sur le campus."

Camron acquiesce brièvement. "Je-okay."

Louis tourne la tête vers Harry une dernière fois. "Sors de ma chambre, s'il te plaît."

Harry continue de regarder pendant quelques secondes, les yeux orageux et les lèvres pincées, puis il commence à sortir à pas lourds. C'est comme s'il voyait ça comme une défaite. Si c'est le cas, rien ne pourrait rendre Louis plus heureux.

"Merci." Louis ferme la porte derrière eux trois, puis commence à aider Camron à se diriger vers son propre dortoir. Camron fait de son mieux pour se dépêcher, sautillant de façon erratique dans le couloir.

Mais alors, juste avant d'atteindre les escaliers, ils entendent une toux silencieuse derrière eux. Louis les arrête et se retourne pour voir Harry debout à quelques mètres d'eux.

"Hum", dit le garçon aux yeux verts. Il regarde promptement ses pieds. "Tiens."

Il tend la canne à Camron, refusant toujours de croiser le regard des autres.

Camron fixe Harry. Puis il regarde fixement Louis. Puis il fixe sa canne. Puis il fixe à nouveau Harry.

"Hum", répète-t-il en prenant délicatement la canne dans la main de Harry, comme s'il avait peur que ce ne soit qu'une blague, ou que ça le blesse d'une manière ou d'une autre. "Merci."

"Ouais", marmonne Harry. "Peu importe."

Camron lâche Louis pour se rééquilibrer, puis il se tourne entièrement vers la fée.

"Tu es un faiseur de miracles", il rayonne. "Merci de m'avoir aidé."

Louis se contente de rendre le sourire au nain, et il ne peut s'empêcher de lancer un regard suffisant à Harry. Le regard que Harry lui renvoie pourrait probablement tuer des foules entières.

Dès que Camron est hors de vue, il reprend la parole.

"Ne crois pas que je vais laisser passer ça, lutin," murmure-t-il. "Je jure sur Hadès que tu vas le regretter chaque jour pour le reste de ta vie."

"Ouais, ouais. Bien sûr." Louis rencontre ses yeux de façon constante et provocante. "Je m'en occupe."

Harry secoue la tête et lui lance un dernier regard mauvais. "Si jamais tu oses parler de ça, je te coupe les ailes."

"Ah, ton petit secret est en sécurité avec moi", répond Louis en roucoulant.

Un souffle quitte les lèvres d'Harry, puis il disparaît à nouveau, comme s'il s'était volatilisé.

Louis se précipite dans sa chambre et referme la porte à clé derrière lui, se glissant contre le bois froid pour s'asseoir sur le sol.

Inutile de dire qu'il n'étudie pas vraiment plus ce jour-là.

Chapitre 3

Je déteste Harry Styles", c'est la première chose que Louis dit quand il s'assied à côté d'Eleanor au déjeuner le jour suivant.

"Félicitations", dit Eleanor en haussant un sourcil. Louis soupire d'exaspération.

"Non, tu ne comprends pas. Je le déteste sincèrement. C'est un truc maintenant. C'est un nouveau jour, le soleil brille, les oiseaux gazouillent, et je déteste Harry Styles. C'est un... C'est un crapaud."

"On pourrait presque être envoyé aux Enfers avec ce langage." Eleanor plaisante avec un petit rire. "Alors quand exactement ce changement d'opinion s'est-il produit ?"

Louis s'énerve. "Hier, quand il s'est introduit dans mon dortoir et qu'il a fait le con avec Camron."

Les sourcils d'Eleanor se froncent immédiatement, et elle redirige toute son attention d'avoir été partagée entre Louis et son déjeuner à être clouée à Louis, expression alarmée.

"Il s'est introduit dans ton dortoir ? Comment ça, 'il s'est introduit dans ton dortoir '?"

"Eh bien." Louis pince les lèvres alors que son esprit remonte involontairement aux événements d'hier. "Il courait dans le couloir, dehors. Il avait pris la canne de Camron, tu connais Camron, non ? Le nain unijambiste, très sympathique, qui ne ferait jamais de mal à une mouche ?"

"Oui, bien sûr", Eleanor lui fait signe de continuer.

Louis fait craquer ses articulations, redresse son dos et se plonge directement dans l'histoire.

"D'accord. Je suis donc là, dans ma chambre, à m'occuper de mes affaires, à essayer d'étudier comme le grand étudiant que je suis, quand tout à coup, des voix se font entendre dans le couloir, dehors."

Eleanor parvient à peine à réprimer un autre roulement d'yeux devant la théâtralité de son ami, mais elle acquiesce, toujours prête à écouter.

"On dirait une sorte de bagarre. Et tu sais, j'envisage fortement d'y aller dans toute ma fierté et ma gloire et de tout arrêter, mais alors je devrais enfreindre les règles parce que nous ne pourrions pas partir, d'accord, ce qui ne correspond pas vraiment à mon statut de bonne élève. Donc je suis évidemment déchiré entre deux choix, je ne sais pas du tout quelle direction prendre-"

"Louis ?"

"Oui ?"

"Tes luttes héroïques intérieures sont vraiment émouvantes mais j'aimerais que tu ailles droit au but. Je veux vraiment savoir ce qui s'est passé."

Louis s'énerve. "Peu importe. Pardonne-moi d'essayer de peindre la scène avec précision."

Eleanor n'a pas le temps de répondre, parce que Louis est sur une lancée et qu'il n'aime pas être interrompu plus longtemps que nécessaire.

"Quoi qu'il en soit, je suis dans mon lit et je me demande si je dois sauver la journée ou me sauver moi-même, quand quelqu'un crie juste devant ma porte et soudain - sans que la porte ne s'ouvre - quelqu'un se tient dans ma chambre. Tu ne devineras jamais qui c'est."

"Hadès ?" Eleanor murmure. Louis s'en moque.

"Harry Styles, dit-il, la lèvre supérieure légèrement retroussée, est debout, dos à ma porte, ricanant comme un petit enfant possédé. Et je suis évidemment surpris, alors je fais genre 'qu'est-ce que tu fais dans ma chambre ?', et il se tourne vers moi comme s'il n'avait même pas réalisé que quelqu'un d'autre vivait là, et..."

Il s'arrête momentanément, se mordant la lèvre. Eleanor n'est toujours pas au courant de l'incident de reptation, et Louis ne va pas être le premier à le lui dire. Pas question. Elle ne va pas avoir ce plaisir.

"-Et je lui demande 'qu'est-ce que tu faisais là-bas?' et il affiche un sourire suffisant et me dit qu'il s'amuse un peu. S'amuser, Eleanor, tu peux le croire ?"

"Je ne pourrais jamais."

Honnêtement, Eleanor est un public vraiment ingrat. Louis préfère les jeunes fées dans la forêt. Elles l'adorent comme il le mérite.

"Il s'avère que Harry a pris la canne de Camron, et il n'a pas l'intention de la rendre. Alors je lui dis que c'est une chose horrible à faire et il s'en fiche complètement. Il est complètement indifférent, peu importe à quel point j'essaie de le ramener dans le droit chemin. Et ensuite, tu sais ce qu'il fait ?"

"Aucune idée."

Les yeux de Louis se rétrécissent amèrement à ce souvenir. "Il me traite de lutin. Il me traite de lutin et se moque de moi. Et je suis évidemment stupéfait qu'il ait ce culot, mais je me dis qu'il ne m'atteindra pas. Et donc je le traîne au sol, en utilisant seulement des mots. Quelque chose qu'il ne pourrait jamais faire, j'en suis sûr."

"Vas-y toi."

"Le gars ne cède toujours pas, cependant. Il garde sa canne. Alors j'ai décidé que, 'bien. Ne t'abaisse pas à son niveau. Parce que, eh bien, parce qu'en fin de compte, je sais qu'il y a une autre créature dans le couloir qui a besoin d'aide, et honnêtement ? Je préférerais passer mon temps avec lui. Donc... Donc je l'aide à la place. Je me sentais si mal pour Camron, tu n'as pas idée, il avait l'air si petit, et je me sentais mal. Juste horrible. Alors j'ai promis de lui fabriquer une nouvelle canne et il avait l'air reconnaissant, et je ne pense pas qu'il m'aurait pris au mot, mais je devais dire quelque chose."

La voix de Louis s'adoucit un peu quand il parle de Camron. Il sait une chose ou deux sur le fait de se sentir petit, et il ne voudrait pas que quelqu'un d'autre ait à se sentir comme ça. Cela fait trembler son cœur de protection.

"C'est très gentil de ta part", complimente doucement Eleanor, qui semble sincèrement admirative pour la première fois depuis que Louis a ouvert la bouche.

La fée sourit faiblement et rougit, baissant les yeux sur ses genoux pendant une seconde avant de reprendre l'histoire là où il l'avait laissée.

"Bref, on est sur le point de prendre l'escalier, quand on entend une toux. On se retourne, et le voilà ! Le seul et unique Harry Styles, l'air timide et amer. Et qu'est-ce qu'il fait ? Il rend cette satanée canne. Je lui ai fait rendre la canne à Camron, t'imagines ? Et puis je crois qu'il essaie de me menacer ou quelque chose comme ça, mais ce n'est pas comme si j'avais peur de lui." Louis pousse un soupir de dégoût à ce souvenir. "Et après ça, il disparaît à nouveau. Alors... Ouais. Je pense que c'est tout. Il est horrible."

Les yeux d'Eleanor s'agrandissent et elle secoue légère-ment la tête, incrédule.

"Il-il l'a vraiment rendu ? Pour l'amour de Dieu, qu'est-ce que tu as fait ?"

"Je dégage juste cette dominance naturelle, Eleanor."

"Je ne sais même pas par où commencer."

"Et pourquoi pas 'hé, tu es une âme tellement géniale, Louis, et tu mérites ma plus profonde adoration jusqu'à la fin des temps' ?". Louis suggère.

Eleanor s'ébroue, enroulant une mèche de cheveux au-tour de son doigt. "Tu... Ecoute, tu as un coeur si gentil. Ce que tu as fait pour Camron est vraiment très bien. Mais tu n'as pas seulement cherché à te battre avec Harry Styles, tu as aussi réussi à l'embarrasser, et je ne sais pas si je dois être étonnée par ton courage ou ta stupidité, honnêtement."

"Grossier." Louis la regarde, offensé. "Je me suis fait le supérieur de Harry Styles, j'ai du mérite."

"Peut-être", autorise Eleanor, "mais tu viens peut-être de te trouver le pire ennemi que tu puisses demander dans cet endroit".

"Je peux l'affronter."

"Je ne pense pas- d'accord. Il y a une chance incroyablement faible que Harry laisse passer ça. Et tu peux parler, d'accord - ça n'a échappé à personne. Mais si Harry décide de te faire du mal physiquement ou mentalement, tu n'auras aucune chance."

Louis se mord la lèvre. Il n'aime pas admettre que les autres ont raison si cela prouve que ses propres actions sont mauvaises, alors il cherche frénétiquement une bonne réplique qui résoudrait ce problème. Il a envie de dire qu'Harry n'irait pas si loin, mais il n'en est pas sûr. Il ne l'est vraiment pas. Harry irait carrément aussi loin. Harry manque d'empathie. Il ne se soucierait pas d'endommager quelqu'un qui le fait paraître faible.

"Eh bien," Louis essaie. "Ecoute. Je suis sûr que ce ne sera pas un gros problème. Je ne vais pas aller le chercher tous les jours ou essayer activement de provoquer une bagarre ou autre chose, et je suis presque sûr qu'il a mieux à faire que de me traquer délibérément. Et si je ne le cherche pas, et qu'il ne me cherche pas, nous ne nous verrons probablement même pas. Cet endroit est énorme. On n'a pas de cours ensemble. Je ne savais même pas qui il était avant que tu me le dises et je ne l'ai pas vu non plus avant ça. Tout ira bien entre nous."

"Entre qui ?"

Les deux sont interrompus par une voix très familière émergeant de derrière Louis. A en juger par le regard d'Eleanor et le ton rauque de la question, il n'y a aucun doute sur l'identité de la personne.

Louis gémit intérieurement. Pourquoi ? Pourquoi est-ce que ça arrive. Pourquoi maintenant ? Pourquoi jamais ? Pourquoi Harry existe-t-il ?

"Personne", dit-il avec un soupir. "Sauf si tu pars, bien sûr. Alors tout le monde ira bien."

Il n'a même pas besoin de regarder Harry pour savoir qu'il sourit en parlant. "Ah. C'est mignon."

Louis ferme les yeux pendant quelques secondes. Ne laisse rien t'atteindre, ne laisse rien t'atteindre, ne laisse rien-

"Je sais", répond-il en se retournant sur sa chaise pour offrir à l'esprit un sourire aveuglant et faux. "Je suis beau. Maintenant que nous avons éclairci ce point, que dirais-tu de juste-"

Il doit s'arrêter brusquement lorsqu'une douleur intense lui traverse la cage thoracique. Ses yeux s'écarquillent sous le choc et il se serre convulsivement contre sa poitrine en haletant pour respirer.

Le rire d'Harry et les ricanements étouffés de ses petits camarades résonnent aux oreilles de Louis.

"Qu'est-ce qu'il y a, lutin ?"

La douleur est partie plus vite qu'elle n'est venue, et Louis fixe Harry d'un regard positivement dégoûté. Harry ne semble pas du tout impressionné.

"Rien", grince Louis entre ses dents, en se redressant et en ajustant sa frange. "Comme je l'ai déjà dit, tu devrais essayer de t'en prendre à des créatures de ta taille. Si c'est un pouvoir quelconque que tu veux prouver, bien sûr."

Quelque chose de désagréable clignote dans les yeux d'Harry pendant une seconde, et Louis surprend ses lèvres se courber vers le bas avant qu'il ne reprenne le contrôle.

"Tu as probablement raison", dit-il en souriant. "N'importe qui pourrait t'endommager, n'est-ce pas ? Une petite chose cassable."

Louis ressent une drôle de sensation dans ses bras. Des aiguilles percent toute sa peau lisse, et il tente de s'en débarrasser, en grattant avec ses ongles. Cela ne fonctionne pas. Elles continuent de piquer.

"Arrête !" siffle-t-il. Harry et son public se contentent de rire.

"Harry, arrête", dit enfin Eleanor, et c'est un claquement glacial.

La sensation dans les bras de Louis disparaît alors qu'Harry tourne son regard exaspérant et arrogant vers la jeune fille. "Eleanor", il rayonne. "Je ne t'ai pas vu depuis des lustres. Comment ça va ?"

"Très bien", répond-elle, et Louis est impressionné par sa froideur totale. "S'il te plaît, laisse-nous tranquilles. Personne ne te trouve amusant."

"En fait, je me trouve moi-même hilarant", dit Harry en battant des cils innocemment.

"Eh bien, tu dois le faire. Tous les autres sont trop occupés à te lécher le derrière."

Harry soupire avec un sourire mélancolique qui s'étire sur ses lèvres. "J'aime bien comment vous, les bonnes âmes, semblez allergiques aux jurons. C'est très charmant."

Il attend que son groupe de personnes réponde avec amusement, et quand ils le font, il hoche la tête avec satisfaction.

"Bref", poursuit-il en se tournant vers Louis. "Je voulais juste prendre de tes nouvelles. Te faire savoir que je tiens mes promesses. Au cas où tu pensais que je ne le faisais pas."

"Bon à savoir", dit Louis. "Je commençais à m'inquiéter."

Le silence règne pendant quelques instants, tandis que Louis et Eleanor regardent Harry se pavaner avec son insupportable groupe d'amis lèche-bottes, puis Eleanor ouvre la bouche.

"Tu dois avoir envie de mourir."

"J'ai une colonne vertébrale", murmure Louis. "Et il a besoin de quelqu'un qui ose réduire un peu son ego."

"Peut-être. Mais ce serait mieux si ce quelqu'un était un géant. Ou la progéniture d'Harmonia. Ou Zeus."

"Ne me sous-estimes pas. Tu lui réponds aussi. Juste après m'avoir longuement expliqué pourquoi je ne devrais pas, d'ailleurs."

"Oui, mais c'est parce que je suis une progéniture de la fille de Zeus et Harry sait choisir ses batailles. Il est cruel, mais il n'est pas stupide."

"Alors c'est parce que je suis une fée, c'est ça ?" Louis répond avec amertume. "Je suis une petite chose sans défense, c'est ça ?"

"Louis, tu sais que je ne pense pas ça. Je sais que tu peux te défendre. Mais Harry utilisera chaque faiblesse que tu as contre toi."

Louis secoue la tête et regarde par terre, décidant de commencer à manger son déjeuner. Peut-être que la nourriture l'aidera à repousser la frustration qui semble toujours venir avec la présence d'Harry et la sous-estimation.

Le truc, c'est que Harry ne s'arrête pas.

Louis a dû lui porter la poisse en lui disant 'on ne se reverrait probablement jamais', parce que tout à coup, l'esprit semble être partout. Il est à la cafétéria quand Louis y est. Il le croise dans les couloirs et sur le campus au moins deux fois par jour. Il fait en sorte de faire irruption dans les classes où Louis est présent pour une raison ou une autre.

Il s'assure également de toujours faire quelque chose pour agacer la fée. A chaque fois. Qu'il s'agisse de l'illusion d'un pincement de la peau de son cou, d'un commentaire désobligeant, ou de pousser les livres de Louis sur le sol alors qu'il passe gracieusement devant lui sans lui accorder la dignité d'un simple regard.

Et Louis essaie d'écouter les avertissements d'Eleanor, il essaie d'écouter la partie raisonnable de lui-même. Il essaie d'être la plus grande personne et d'ignorer le garçon bouclé.

Mais le fait est que ça fait vraiment mal - parce que chaque mot qui sort des lèvres d'Harry, chaque mouvement ou acte de gêne envers Louis, c'est un stratagème constant pour rappeler à

Louis qu'il est insignifiant. C'est un jeu de pouvoir. Harry sait que c'est le point faible de Louis, il sait que Louis déteste que les gens le méprisent simplement parce qu'il est une fée, et il fait en sorte de l'utiliser à son avantage dès qu'il le peut.

Louis ne comprend pas comment il a pu être intrigué par cette créature. Comment il a pu éprouver de la compassion pour lui, comment il a pu le trouver beau.

Il est toujours très attirant physiquement, ne vous y trompez pas, mais cela ne signifie plus rien aux yeux de Louis. Les taches sombres et les quantités de nuances de vert dans ses yeux ne sont plus aussi fascinantes. Louis n'a pas envie de sentir les boucles veloutées sur sa tête. Il n'a pas envie de tracer ses doigts le long de sa peau blanche comme l'ivoire.

C'est triste, vraiment. Louis aurait vraiment aimé pouvoir apprécier tranquillement la beauté de la créature sans savoir à quel point l'intérieur est horrible. Maintenant, tout ce qu'il ressent à chaque fois qu'il pose les yeux sur Harry, c'est l'aggravation.

Il est bien conscient de l'objectif d'Harry. Il ne fait pas ça uniquement parce qu'il trouve amusant de s'en prendre à quelqu'un de temps en temps.

Harry Styles sait comment faire monter la frustration et la négativité dans une âme, il sait exactement comment jouer et où aller. Il sait comment faire tomber les défenses et percer les sentiments de quelqu'un. Et Louis n'y a pas encore pensé de cette façon, il n'a pas été jusqu'à réfléchir correctement au caractère de l'esprit, mais Harry est, honnêtement, terrifiant. Pas nécessairement parce qu'il peut causer de la douleur pure et simple, mais à cause du jeu carrément sinistre qu'il joue pour y parvenir.

Je pourrais te foutre en l'air. Je pourrais te tuer, si je le voulais.

Il essaie, Louis en est sûr. Il essaie lentement de faire perdre la tête à Louis.

Peut-être que Louis a vraiment envie de mourir.

Tout part en couille le lundi suivant.

Pour être honnête, ce n'est pas seulement Harry qui fait le travail. Louis a été d'une humeur exécrable toute la journée, comme une bombe à retardement. Il se trouve qu'Harry l'a fait exploser.

Ce n'est pas le jour de Louis aujourd'hui, d'accord ? Il réussit à se réveiller avec un ciel gris et nuageux, ce qui lui fait immédiatement baisser les commissures des lèvres. Il déteste le mauvais temps. Il le déteste. En tant que fée de la nature, il devrait peut-être être capable de trouver quelque chose de bon dans tous les temps, et il sait que la pluie est essentielle, mais il ne peut tout simplement pas la supporter. Elle le mouille et lui donne froid dans les pires occasions possibles, elle complique merveilleusement toutes les tâches de Louis et même si, oui, elle est nécessaire pour que la nature reste verte et fleurie, Louis ne peut s'empêcher de laisser son humeur se dégrader plus vite que les gouttes qui tombent dehors.

Louis aime les couleurs. Il aime analyser les nuances de vert, de bleu, de jaune et de rouge, leur attribuer des places, des émotions et des significations. Il aime comparer les couleurs et combiner les couleurs et mélanger les couleurs. C'est incroyablement fascinant pour lui.

Et, vous savez, c'est un peu très difficile, quand tout n'est que gris.

On ne peut pas aller plus loin avec le gris, n'est-ce pas ?

Il y a le gris de la couleur de l'eau qui se promène dans le ciel. Il y a le gris crasseux qui s'écoule dans les égouts sales et se mélange aux taches de boue sur les pelouses mal entretenues (Louis déteste aussi les pelouses mal entretenues). Genre, vous aviez un travail. Vous aviez un travail. S'assurer que l'herbe couvre tous les endroits qu'elle doit couvrir est un travail que même le plus grand des imbéciles peut faire, et quelqu'un l'a gâché).

Il y a le gris métal poli que les lacs et les océans aiment prendre pendant les tempêtes. Il y a le charbon de bois des rues.

Et puis, lorsque vous avez placé tous les gris visibles, vous devez vraiment vous forcer. Les nuages sont le gris d'un doigt froid traçant votre poignet. Les arbres sont le gris d'une conversation ennuyeuse, les bâtiments sont le gris de la mélancolie.

C'est comme regarder quelque chose à travers une lentille en noir et blanc, et même si la vie est très noire et blanche pour Louis, cela ne veut pas dire qu'il veut que le monde entier le soit. C'est extrêmement déprimant.

(Il parie qu'Harry aime la pluie.)

Il se réveille donc avec ça, et en plus, il se réveille plus tard que prévu, ce à quoi il n'est pas du tout habitué. Il est si fatigué qu'il a du mal à se lever de son lit, son corps est endolori par le sommeil lorsqu'il s'habille.

Cela ne l'aide pas vraiment plus tard, lorsqu'il arrive à son premier cours avec les mauvais livres. Ou lorsqu'il fait tomber son stylo et qu'il roule trois sièges devant lui, l'obligeant à ramper aux pieds de quelqu'un pour le récupérer.

Il n'arrive pas à se concentrer en histoire grecque, et quand le professeur l'appelle, Louis ne peut pas répondre et il déteste avoir tort.

Eleanor remarque visiblement que quelque chose ne va pas, mais elle ne fait pas de commentaire. Louis est content, même si cela rend les conversations un peu gênantes et un peu rares aussi, mais cela lui convient aujourd'hui. Il n'est pas vraiment d'humeur à bavarder, et il est reconnaissant d'avoir une amie comme Eleanor qui le comprend.

En bref, il passe une journée terrible. Et ce n'est pas comme si elle s'améliorait lorsque Louis entend cette voix grave et agaçante qui l'appelle dans le grand couloir du dernier étage du bâtiment principal. Ce qui veut dire que c'est l'endroit où la plupart des gens se trouvent à cette heure de la journée. Ce qui veut dire que Harry veut faire une scène.

"Louis, mon chéri."

Au début, Louis tente de faire ce qu'il fait habituellement, c'est-à-dire lui envoyer un regard mauvais et continuer à marcher. Il s'exécute presque aussi bien, se débrouillant très bien vu son état, mais Harry semble déterminé à ce qu'aujourd'hui soit le jour où il mettra enfin et officiellement Louis à mort.

"Tu me fuis, lutin ?"

Continue de marcher. Continue de marcher. Continue de marcher.

"Aw, tu le fais, n'est-ce pas ? Tu es si mignon de penser que c'est un moyen de se débarrasser de moi."

La salle de classe est juste au coin de la rue.

"Quel est le problème, Louis ? Tu ne voudrais pas discuter un peu ?"

C'est de l'écologie. C'est amusant. Ce sera très amusant. Louis s'amuse tellement.

Et puis ça lui tombe dessus, ces mots qu'Harry a gardés jusqu'à ce moment précis.

"Wow. Je pensais que tu essayais de me donner l'impression que tu étais fort. Pas effrayé par une confrontation mesquine."

Tu sais quoi ? Au diable l'écologie.

Il s'arrête brusquement, essayant de calmer sa respiration de plus en plus rapide. Ses petits poings sont serrés sur ses livres.

C'est le moment où il devrait être le plus grand. C'est le moment où il devrait juste lui jeter un regard et continuer à marcher. C'est le moment où il devrait prouver qu'il est rationnel et mature et qu'il n'est pas affecté par les paroles de'Harry.

C'est juste que, il ne l'est pas.

Louis se retourne lentement pour rencontrer les yeux d'Harry. Il y a une lueur d'humour dans ces yeux qui l'irrite tellement qu'il a envie de s'arracher les cheveux. Il a envie d'arracher les stupides cheveux d'Harry.

"Tu as besoin de quelque chose ?" grince-t-il entre ses dents.

Harry lève les sourcils d'une manière qui est censée paraître innocente. "Je pensais juste que nous pourrions avoir une discussion amicale."

"Non, tu ne le pensais pas."

"Pas vraiment, non." Harry hausse les épaules sans s'excuser. "Tu es juste mignon quand tu es en colère."

Mignon.

Louis ne veut plus être mignon. Surtout pas pour quelqu'un comme Harry Styles.

"Pourquoi es-tu si obsédé par moi ?" demande-t-il en écarquillant les yeux de frustration. "Qu'est-ce qui me rend si incroyablement spécial pour toi ?"

"Obsédé par toi ? Chéri, je te fais une faveur. J'essaie juste de t'aider à réaliser."

"Réaliser quoi, exactement ? Parce qu'on pourrait penser que tu aurais déjà réalisé que tu ne comptes pas pour moi."

Le sourire d'Harry serait presque doux, s'il n'y avait pas la lueur légèrement plus dure de ses yeux. "Ta place, bébé. Tu dois prendre conscience de ta place."

Le grand esprit s'approche lentement de Louis alors qu'il commence à parler d'une voix feinte et douce.

"Tu es bien au-dessus de ta tête, lutin", dit-il légèrement. "Tu veux être vu, n'est-ce pas ? Tu veux être un héros."

Des rires fusent autour d'eux, et Louis réalise que presque tout le monde s'est arrêté pour assister à leur conversation. Assister au Harry Styles qui démolit la pauvre petite fée.

Ce n'est pas une coïncidence si Harry a choisi ce jour, ce moment, pour faire ça. Il sait que Louis est déjà sur les nerfs. Il fait ça uniquement pour s'amuser avec lui et le pousser à se ridiculiser.

Louis en a la peau qui se hérisse de colère.

"C'est si gentil, vraiment", poursuit Harry en hochant la tête comme s'il ressentait de la compassion. "C'est une belle pensée. J'aimerais que tu réalises ton rêve et que tu sois un

chevalier ailé d'un mètre dans une armure brillante. Mais, comme c'est le cas," soupire-t-il avec nostalgie. "J'ai un devoir à remplir, n'est-ce pas ?"

"Je suppose que oui", dit froidement Louis, la mâchoire serrée.

Harry le regarde et hoche la tête. "Merci de ta compréhension, Louis. Mais je dois te prévenir, ça va faire mal."

"Je ne l'aurais pas deviné."

L'air est épais et tendu, avec le silence attendu de tous. Louis fixe Harry d'un regard glacial, maintenant la passivité-agressivité à un niveau impressionnant, s'il le dit lui-même. Il est surpris de ne pas avoir encore explosé.

Ils sont de nouveau proches. Harry le surplombe, le regardant d'en haut avec une expression condescendante gravée sur ses traits.

"Tu n'es rien", dit-il lentement. "Tu n'arriveras à rien de ce dont tu rêves. Tu es une petite créature délicate avec un cœur d'enfant et tu es faite pour faire pousser de jolies fleurs. Tu ne seras pas plus que ça, Louis, tu n'en as pas la capacité. Tu n'as pas ta place dans un monde comme celui-ci. Le plus tôt tu le réaliseras, le mieux ce sera pour toi et le plus simple ce sera pour moi."

Ça ne devrait pas faire mal. Ça ne devrait pas faire mal du tout, ça ne devrait vraiment, vraiment pas, parce qu'Harry le dit juste pour voir la douleur de Louis.

Mais c'est le cas. Ça fait plus mal que tout ce que Louis a pu connaître par de simples mots auparavant dans sa vie.

Il a toujours eu peur de ça, c'est ça le truc. De ne jamais être à la hauteur, de ne jamais être utile à personne, sauf en tant qu'outil. Peur de ne jamais changer les choses, peur de se promener éternellement dans la vie comme la petite fée cassable qui ne peut rien faire d'autre que faire pousser des arbres et récolter.

Et il en a assez, maintenant. C'est comme si chaque émotion négative qui poussait et fumait sous sa peau depuis qu'il s'est réveillé ce matin était en train de remonter, et Louis se retrouve à vouloir casser des choses.

Il veut qu'Harry se sente mal. Il veut qu'Harry se torde de douleur sur le sol, il veut qu'Harry suffoque et supplie qu'on lui pardonne. Il veut qu'Harry ressente exactement ce qu'il fait ressentir aux autres créatures chaque jour.

Il ne va pas laisser Harry gagner. Pas Louis. Parce que Louis peut se résumer à ce qu'il veut.

Alors il respire profondément plusieurs fois, puis il regarde Harry avec autant de défi qu'il peut en rassembler.

"Tu ne vas pas gagner", dit-il lentement, refusant d'arracher son regard à celui, prétentieux, de Harry.

Harry a l'air si condescendant et Louis a envie de le blesser. "Qu'est-ce que je ne vais pas gagner, lutin ?"

Louis ne répond pas à sa question. Au contraire, il se contente de rétrécir ses yeux et de se rapprocher.

"Tu veux connaître l'ironie de la chose ?" demande-t-il. "Tu es ici, essayant de me dire que mon sens de la confiance est illusoire - alors que tu as acquis toute ta grandeur et ta puissance par la peur. Tu es là où tu es uniquement parce que les gens autour de toi ont peur que tu leur fasses du mal. Qu'est-ce que ça fait, Harry ? S'il te plaît, dis-moi ce que ça fait d'avoir chaque personne qui te croise qui a si peur de toi qu'elle se sent obligée d'agir comme ton esclave ou d'éviter le simple nom de ton existence. Dis-moi ce que ça fait de n'avoir personne d'autre que toi sur qui compter pour absolument tout. Qu'est-ce que ça fait d'être seul comme ça, Harry ? S'il te plaît, fais-moi plaisir - dis-moi ce que ça fait de ne connaître que la douleur, parce que ça doit être insupportable."

Les yeux de l'âme aux cheveux bouclés s'assombrissent à mesure que Louis parle, et Louis a presque envie de rire parce que ça marche.

Alors il continue.

"Quand on y pense, tu n'en sais pas plus sur le monde que moi. Tu fais seulement du mal aux gens parce qu'aucune compétence réelle n'est requise de ta part pour le faire. Tu les blesses uniquement parce que c'est le seul moyen pour toi de ressentir autre chose que du vide. Une âme comme la tienne, Harry, ne connaîtra jamais l'amour, ou le bonheur, parce que tu es fait pour le détruire. Tu ne connaîtras jamais que la douleur et tu me fais pitié. J'ai pitié de toi."

Le sourire condescendant a complètement disparu du visage d'Harry pendant que Louis parlait, et Louis en ressent une petite fierté. Harry n'a pas tout le pouvoir qu'il pense avoir. La mâchoire de l'esprit est fermement serrée et Louis a presque peur que quelque chose se brise.

Les yeux, par ailleurs verts, sont plus sombres qu'une nuit d'hiver sans étoiles.

"Tu es si naïf", finit par lâcher Harry.

"Peut-être", Louis continue de le fixer. "Mais toi aussi, tu l'es. Chéri."

"Tu devrais probablement partir." La voix d'Harry est d'une sévérité mordante.

"C'est si triste", continue de pousser Louis, trop aveuglé par la haine pour comprendre ce que dit Harry. Il veut juste le briser. "Ta mère, qui est censée t'aimer et prendre soin de toi, t'a créé simplement comme un outil pour faire son sale boulot éparpillé, et tu te promènes comme si le monde t'appartenait. Tu es celui qui ne vaut rien."

Il sait qu'il a fait une erreur lorsqu'un grognement terrifiant sort de la bouche d'Harry et qu'il bondit en avant, les poings serrés.

Louis se soulève immédiatement du sol en guise d'autodéfense, planant à quelques mètres du sol.

"Je vais te tuer", siffle Harry, et ça ne ressemble même pas à une menace. Ça ressemble à une promesse. Louis a vraiment réussi à toucher un point sensible avec celle-là. "Je vais te tuer."

Et il s'est mis à courir, et Louis à voler, et-

Ouais, c'était probablement une très mauvaise idée. Caractère stupide. Caractère stupide.

Ils se précipitent dans le couloir. Les ailes de Louis ont heurté quelques personnes au visage, laissant les créatures confuses avec seulement un souffle de vent pour confirmer que cela s'est réellement produit. Harry est juste derrière lui, les lèvres pincées de dégoût et les mains serrées de rage, s'étirant de temps en temps pour attraper le corps de Louis qui vole. Il pousse les pauvres âmes sans ménagement hors du chemin, les yeux fixés sur le dos délicat de la fée.

Le cœur de Louis est dans sa gorge, il palpite de façon erratique alors qu'il se bat pour se frayer un chemin dans le bâtiment. Une partie de lui se demande pourquoi Harry ne l'arrête pas, ne lui fait pas de mal, alors qu'il est évident qu'il pourrait transformer Louis en un tas de déchets en quelques secondes.

Il est content qu'il ne le fasse pas, cependant. Ça rend les choses plus faciles pour lui.

Ses ailes n'ont probablement jamais bougé aussi vite dans sa vie. C'est extrêmement bizarre, en fait, mais combiné avec l'adrénaline qui pompe dans ses veines et l'excuse de pousser les gens, ça soulage Louis énormément. C'est presque- c'est presque amusant.

Il se retourne rapidement, Harry a les yeux noirs et le visage sévère à deux doigts de l'atteindre, et il comprend alors que Harry fait probablement ça pour prouver quelque chose. Il essaie délibérément de traquer Louis sans utiliser ses pouvoirs, et en ce qui concerne Louis, il va échouer de façon spectaculaire. Louis ne peut s'empêcher de laisser échapper un petit rire. Il a mis Harry "L'âme d'Algos" Styles tellement en colère qu'il a ressenti le besoin de le traquer physiquement. C'est une sorte d'accomplissement particulier.

Mais manifestement, Harry remarque l'amusement de Louis, ce qui fait que ses yeux se rétrécissent incroyablement, puis il disparaît, tout comme il l'avait fait après l'incident avec Camron. Louis est tellement surpris par son action qu'il s'arrête en plein vol, fronçant les sourcils de façon confuse.

Une voix lui demande soudain à voix basse dans l'oreille : "Tu t'amuses, lutin ?" Louis pousse un cri et s'envole à nouveau contre le plafond.

Harry a l'air assez content d'avoir surpris Louis à ce point, et il lève les yeux vers la fée avec audace.

"Quelqu'un est un lâche", dit-il.

"Quelqu'un est un sale type qui n'a aucune notion de l'espace personnel", rétorque Louis en croisant les bras.

"Je vais littéralement attendre toute la journée", promet Harry. "Je me tiendrai volontiers ici jusqu'à ce que tes ailes te lâchent d'épuisement."

"Tu vas manquer le cours", essaie Louis et il se rend compte juste après l'avoir dit que c'était nul. C'était extrêmement nul.

Harry laisse échapper un rire et Louis rougit. "Plus important encore, je suppose que toi aussi."

Louis observe l'autre garçon avec précaution tandis qu'il se baisse lentement, lentement, vers le sol. Harry ne rompt pas le contact visuel, restant complètement immobile pendant que Louis bouge. Il ne tente pas d'attaquer la fée, mais là encore, sa posture est toujours terriblement hostile, donc Louis ne pense absolument pas qu'il va se laisser faire.

Il a raison, car dès que Louis est sur ses pieds, Harry s'élance en avant et les voilà repartis.

Ils atteignent les escaliers en marbre et les descendent à la vitesse de la lumière. Ou, en tout cas, c'est Louis qui vole. Harry pourrait aussi bien descendre en roulant, mais Louis aime à penser que l'esprit a un peu plus de dignité que ça. Ou peut-être pas.

Il aimerait bien le voir descendre en roulant, cependant. Ce serait très amusant.

Ce qui est amusant avec Harry, c'est que malgré son corps solide et humanisé, il ne semble pas posséder beaucoup de fonctions humaines. Par exemple, il ne semble jamais s'essouffler. Il tente même de tenir une conversation avec Louis à plusieurs reprises, probablement juste pour souligner à quel point il n'est pas perturbé par leur petite poursuite.

Cela irrite Louis au plus haut point.

Ils continuent à prendre les escaliers ; ils ne semblent jamais se terminer. Louis a beau se dire qu'ils ont déjà atteint le premier étage, il semble qu'il y ait toujours plus d'escaliers. Ses ailes sont de plus en plus fatiguées. Son souffle est lourd, et il se mord la lèvre en se forçant à continuer.

Harry, comme toujours, semble le remarquer. "Tu te fatigues ?"

"Dans tes rêves", grogne Louis.

"Bien. Fais attention à ne pas te casser."

Ce petit con.

Louis jette un regard dégoûté en arrière, avant de viser directement la dernière (enfin) série d'escaliers. Il va lui montrer à cet idiot prétentieux.

Alors il s'élance. Il vole aussi vite que son petit corps peut le lui permettre et un peu plus vite, et il peut sentir Harry se laisser distancer et avec un sourire ravi sur ses lèvres fines, il s'écrase

contre le mur du couloir. Harry n'est plus visible nulle part. Louis est le vainqueur.

Sauf que.

Louis se retourne confusément pour ne pas faire face au mur de béton.

Ce couloir est beaucoup trop petit, il est beaucoup trop sombre et il est beaucoup trop vide pour être le rez-de-chaussée du bâtiment principal. En fait, c'est presque claustrophobiquement étroit maintenant qu'il regarde vraiment. Aucune lumière n'est allumée, sauf les lumières bleutées qui sortent des petites fentes des portes alignées sur le côté gauche du couloir.

C'est alors qu'il réalise qu'il n'est pas au rez-de-chaussée. Il est au sous-sol.

Le sous-sol. C'est ici que vous voyagez vers d'autres mondes.

Cet endroit ne devrait-il pas être très, très fermé et interdit ?

Louis se sent mal à l'aise, quand il réalise où il se trouve - il serait mort si quelqu'un le surprenait ici. Rapidement, il se retourne immédiatement pour remonter.

Et puis il saute à environ six pieds dans les airs en poussant un cri.

Harry est nonchalamment appuyé contre le mur à quelques pas de là, étudiant nonchalamment ses ongles.

"Comment tu fais ça ?" accuse Louis d'un ton haut perché.

Harry lui adresse un sourire sec et rapide, puis le corps de Louis se retrouve plaqué contre l'une des portes, les ailes douloureuses à force d'être poussées contre le bois. Il a un bras musclé sous le menton, qui le maintient en place. Cela ajoute une pression inconfortable sur ses clavicules, et Louis se tortille dans cette prise ferme.

Le souffle d'Harry est sur ses lèvres.

"Tu pensais vraiment que j'allais laisser passer un tel tour ?" grogne l'esprit. Louis rencontre ses yeux. Ils sont sombres et intimidants, les pupilles écarquillées, et ça donne des frissons à Louis.

Il est foutu.

"Tu sais, je veux que tu sois comme toi, Louis", poursuit Harry, la voix basse et sévère. "Je le veux vraiment. Mais tu dois apprendre à contrôler ta putain de bouche, ou je jure devant Dieu que je vais-"

"Me faire du mal ?" Louis crache le morceau, en essayant de donner le plus de relief possible à sa réponse compte tenu de sa position. "Ça doit être une première."

"Tu parles et tu parles, et tu ne comprends rien."

"Et tu es pathétique."

Les yeux d'Harry sont énormes de si près, brûlant de ce que Louis ne peut décrire que comme une véritable haine.

"Toi," murmure Harry en se rapprochant, "tu dois la fermer."

Louis fait son plus beau visage, lève le menton du mieux qu'il peut et regarde fixement les deux feux noirs à quelques centimètres de ses propres yeux.

"Fais-moi taire."

La lèvre supérieure en pétale de rose d'Harry se retrousse, et Louis ne peut rien faire d'autre que de s'engueuler pour ne pas être capable de se taire un jour et d'attendre la douleur, mais ensuite il tombe.

Le bois contre lequel il a été poussé disparaît, et Louis ne peut qu'émettre un petit glapissement en tombant en arrière, Harry trébuchant avec lui.

Les secondes qui suivent passent incroyablement vite.

Quelqu'un leur crie furieusement de "reculez, dégagez, enfants stupides", mais ils n'ont pas le temps d'écouter, parce qu'Harry s'accroche toujours à Louis et que ce dernier est bien trop petit pour les soutenir tous les deux et retrouver l'équilibre. Alors il continue à trébucher désespérément en arrière de trois pas de plus.

Il voit d'abord les yeux d'Harry. Ils sont de nouveau verts. Ils sont verts, ils sont plus larges que jamais, et ils sont horrifiés.

"Non, Louis, putain, on doit-"

Et puis il y a quelque chose sur le sol, quelque chose que Louis devine être un seuil, et toutes les chances de retrouver la stabilité avant le désastre lui glissent désespérément entre les doigts.

Louis pousse un cri d'effroi et enfonce désespérément ses ongles dans les bras d'Harry pour trouver une sorte de solidité.

Et puis ils tombent tous les deux, s'amenuisant, dégringolant.

C'est nauséabond.

C'est comme si l'univers n'arrivait pas à se décider sur l'endroit où les emmener ; les couleurs, les temps et les environnements défilent dans une brume violente, laissant Louis étourdi et effrayé, et s'accrochant désespérément au bras d'Harry pour tenter de garder les pieds sur terre. Il aurait probablement honte si, premièrement, il n'était pas un peu trop occupé à survivre pour se soucier de la honte en ce moment, et deuxièmement, il peut sentir la prise d'Harry autour de sa taille, donc personne ne peut vraiment lui en vouloir.

Quand ils atterrissent enfin, l'atterrissage est violent et Louis se retrouve le visage plein d'herbe. De l'herbe parfaitement verte et arrosée. Il s'étouffe et se remet sur ses pieds en quelques secondes, regardant autour de lui d'un air amusé. C'est une belle forêt, vraiment. Chaque parcelle de verdure est gérée de façon impeccable et chaque buisson en vue est parfaitement coupé et nourri. Les chemins sont uniformément gravés et les arbres sont fraîchement fleuris.

Louis connaît cet endroit. Il a voyagé entre lui et sa maison pratiquement depuis qu'il est né.

"Où sommes-nous ?" Harry demande, apparemment en détresse, de derrière lui.

"Oh mon Dieu", gémit Louis. "Oh mon Dieu."

"Putain, on est où, Louis ?"

Une fille avec une capuche rouge passe sur le chemin un peu plus loin d'eux.

Louis fait de son mieux pour garder sa voix au niveau d'une conversation normale quand il répond, parce qu'à vrai dire, il préférerait hurler en ce moment.

"Bienvenue dans le Village de Grim", dit-il avec amertume.